大 学 问

始 于 问 而 终 于 明

守望学术的视界

批判理论的
事件转向

事件

蓝江

著

广西师范大学出版社
GUANGXI NORMAL UNIVERSITY PRESS
· 桂林 ·

事件：批判理论的事件转向

SHIJIAN: PIPAN LILUN DE SHIJIAN ZHUANXIANG

图书在版编目（CIP）数据

事件 ：批判理论的事件转向 / 蓝江著. -- 桂林 ：
广西师范大学出版社，2025. 9. -- ISBN 978-7-5598
-8354-4

Ⅰ. B0

中国国家版本馆 CIP 数据核字第 2025MY9064 号

广西师范大学出版社出版发行

广西桂林市五里店路 9 号　邮政编码：541004

网址：http://www.bbtpress.com

出版人：黄轩庄

全国新华书店经销

珠海市豪迈实业有限公司印刷

珠海市斗门区白蕉镇城东金坑中路 19 号 4 栋(厂房)二楼

邮政编码：519125

开本：880 mm × 1 240 mm　1/32

印张：7.625　　字数：160 千

2025 年 9 月第 1 版　　2025 年 9 月第 1 次印刷

定价：58.00 元

如发现印装质量问题，影响阅读，请与出版社发行部门联系调换。

序言　事件转向

　　齐泽克在《事件》(*Event*)一书的开头,提到了阿加莎·克里斯蒂的小说《命案目睹记》(*4.50 from Paddington*)的一个情节。两辆相对而行的火车都在一个车站停了下来, 一位贵妇人正在车厢里享受着下午恬静的时光。突然间,就在这个火车站里,她透过车窗向另一辆列车望去,她看到了一个她此前从未见过的令人惊悚的场面:一位男士在对面车厢里将一名女士摁倒在地,并杀死了她。惊慌失措的贵妇人选择向火车站的警员报警。当警员耐心地询问到底发生了什么事情时,这位贵妇人几乎是语无伦次地向警员说了一堆鸡零狗碎的话。是的,贵妇人在面对警员时是语无伦次的,这恰恰是齐泽克最为关心的地方。因为另一辆列车上的命案对一个警员来说或许已经司空见惯,但对于一个长期生活在被包裹起来的静谧生活中的贵妇人来说却不是如此。她的语言和思维框架根本没有为对面车厢里的凶杀案留下任何空间，以致她甚至无法用自己的语言来描述她刚刚目睹的一切。所以，齐泽克才总结道："这可算最简单纯粹意义上的事件了：在毫无准备的情况下，一件骇人而出乎意料的事情突然发生，从而打破了惯常的生活节奏，这些突发的状况既无征兆，也不见得有可以察觉的起因，它们的出现似乎不以任何稳固的事物为基础。"①正如齐泽克所说，事件打破了日常生活的连续性假象，如同一道闪电，划破了我们宁静世界的天空。事件的强势刺入，并不意味着世界末日来临；恰恰相反，事件在我们的世界里，在我们的知识体系中，在我们习以为常的意识形态上撕开了一道口子。这道口子如同一道创伤，深刻地刺入我们的心灵和身体之中，促使着我们去重新思考和面对世界上的一切。这就是事件！或者说，这就是我们在事件发生之后去面对世界的态度和行为。

显然，我们今天的哲学和思想经历了一场事件的转向。当然，这并不意味着事件仅仅是我们今天才开始面对的问题，而是说，在人类历史发展的长河中，事件，一个断裂性的事件，从未像今天这样重要。它迫使我们重新思考事件带来的一系列后果，并重新反思曾经的形而上学和本体论。我们已经无

---

① 齐泽克：《事件》，王师译，上海文艺出版社，2016，第2页。

法将对事件的思考简单地还原为某种先验的观念论或朴素的经验论的思维，或者将其简单地理解为某个神灵的意志或第一推动力，事件本身就是这种力量。无论是先验的观念论还是朴素的经验论，实际上都无法简单面对这样的问题：如何面对在我们的认识框架和存在框架之外的某个溢出（excess），即一个无法还原为既定存在和认识框架的残余物（surplus）？这就必然迫使我们转向对事件的思考，事件是我们常规知识和普世化框架的例外状态，也正是这种例外状态，让马克思、尼采、海德格尔、本雅明、福柯、拉康、德勒兹、巴迪欧、阿甘本、齐泽克、克劳德·罗马诺（Claude Romano）等思想家将他们的目光转向那个难以捕捉的事件，去思考事件带来的哲学问题。

一、为什么是事件？

与"事件"最紧密相关的概念是"无中生有"（ex nihilo）。在古罗马思想家那里，拉丁语的 ex nihilo 是相对于 ex materia 和 ex Deo 这两个说法而言的。ex materia 是从现有的既定材料中生产出某个东西，如将刚刚采伐回来的原木制作成一张木桌子，这种木桌子就是 ex materia。除了以现实的物质材料生产出的某种东西是 ex materia，一些无形的东西也可以算是 ex materia，如人民组成的国家，或者一个新的城邦。ex Deo 则是来自神灵的东西，其中蕴含着神的意志和恩典。当然，在中世纪的基督教的解释中，神的恩典也可以分为特殊恩典和一般恩典。特殊恩典是极其稀少的，表现为神的意志在某些对象上的直接体现，如《圣经》中的耶稣让盲人可以重新看见世界，让肢残人士能够重新像一般人一样走路，就属于特殊恩典。这类恩典的确是 ex Deo，它来自神，但是极其稀少。那么，ex Deo 更重要的含义就是一般恩典。神不直接干预世界，就像柏拉图《法律篇》末尾的那个雅典客人强调的那样，神的恩典在于"我们的灵魂理论，我们说过，一旦运动有了一个起点，那么任何事物都将从这种运动中获得它们持久的存在。我们还说，行星和其他天体在心灵的推动下有序地运动，心灵对事物作了安排，确立了整个框架"①。这种一般恩典，一方面是通过雅典客人口中的卫士（guardian）来实施的，另一方面就是通过对整个世界的安排来实现的。在雅典客人的口中，学习神学是崇高的，之所以崇高，正是因为神学包含了神灵对世界的安济（economy）②，而这种安济是以法律或规律的形式出现的。这样一来，普通人只需要依循着这些法律或规律，就能够走向完善。换句话说，《法律篇》最核心的议题实际上就是作为一

① 王晓朝主编：《柏拉图全集》第三卷，人民出版社，2003，第733—734页。
② economy 一词的词源学极为复杂，在古希腊时期，economy 一词指的是相对于城邦治理（politics）的家庭管理，即家政。在基督教发展的早期阶段，尤其在诺斯替教派和优西比乌主义的挑战下，economy 逐渐成为上帝对世俗世界的安排。为了与普通的安排相区别，同时体现出基督教中 economy 作为上帝的一般神恩的意义，我在翻译阿甘本的《王国与荣耀》一书时，曾将该词翻译为"安济"。在本书中，我延续了这一译法。

般恩典的 ex Deo,即按照上帝的安济来治理世界,人类和世俗世界的任何创造行为和活动实际上都是上帝的安济的奥秘,即依从上帝的恩典来行事。在这个意义上,从普通人的角度来看,我们制造出来的木桌子不仅是 ex materia,也是 ex Deo。我们按照上帝恩典下的安济,遵从了其规律,实现了一般恩典的具体化,而人们所需要做的,就是寻找上帝的安济的奥秘,寻找支配着自然世界和城邦世界的一般规律,并依照这种一般规律行事。这种作为一般恩典的 ex Deo,不仅支配着中世纪诸多神学家的思维,也支配着启蒙运动早期的一些科学家的思考。在他们看来,上帝所缔造的世界如同一块精细运转的钟表,而科学的目的就是发现这块钟表的运行规律。①

这样,无中生有具有了完全不同的意义。无中生有不仅意味着不是从既定的材料和秩序创造出某种产品,而且意味着不依赖于所有的规律,包括自然规律和人类的法律,甚至不依赖于神的意志。无中生有意味着一种在既定的规律和框架之外的创造,它不是现成在手的存在,也不是从客观规律和法则中衍生出来的可能性;它意味着一种纯粹的发生(genesis)。在古代犹太思想家斐洛(Philo)那里,无中生有实际上指向的就是原初的创世事件,斐洛在《论〈创世纪〉》中说道:"摩西

---

① 作为现代科学奠基人的艾萨克·牛顿就持有这种看法,牛顿认为自己发现了依附于神的意志的量的世界,只有通过定量研究的方式,才能理解上帝造物的目的以及缔造世界的运行方式。可以参看爱德华·多尼克著《机械宇宙:艾萨克·牛顿、皇家学会与现代世界的诞生》,黄珮玲译,社会科学文献出版社,2016。

说：'起初，神创造天地。'在这里，'起初'这个词并非如某些人所认为的那样，具有时间意义，因为在有世界之前不会有时间。时间与世界同时产生或在世界之后产生……由于'起初'这个词在这里不是指时间的开端，所以它像是在指某种秩序。所以'起初神创造天'相当于'神首先创造天'。"①斐洛在这里谈到的"起初"，就是无中生有。在这里不仅没有任何具体的实体，也没有天。这里的"天"显然不是指实体意义上的天空，因为斐洛很快就继续写道："创世主首先造出无形体的天和不可见的地，以及空气和虚空的理念。"②显然，天是一种无形体的概念，但在这个天之前，没有时间，也没有阿那克西米尼所说的无形（apeiron），那里只有无（nihilo），一种作为整个世界架构的无。具体的物体以及作为神的一般恩典的普遍规律和法律，都出自这个天，这个天或者原初意义上的虚空，就是"无中生有"。实际上，柏拉图在《蒂迈欧篇》中提到的 chora，也是一个先于具体物体和自然规律、城邦法律存在的"空"的概念，在这个空的架构下，才诞生了万物。

　　尽管古希腊哲学和中世纪神学的本体论都试图寻找这个最原初的 ex nihilo 的天，将其当作我们这个世界的第一动因（primum movens），但是，启蒙哲学之后，对第一动因的探索转向了先验的认识论框架，即事物的可知性，完全不可知的事物

① 斐洛：《论〈创世纪〉：寓意的解释》，王晓朝、戴伟清译，商务印书馆，2012，第27页。
② 斐洛：《论〈创世纪〉：寓意的解释》，王晓朝、戴伟清译，商务印书馆，2012，第28页。

被排斥在现代认识论的框架之外。虽然现代启蒙和科学认识论为不可知的事物留下了地盘(如康德的"物自体"概念),但哲学最根本的任务已经发生了变化。形而上学家关心的是如何在理念的带领下,实现世界的整体知识性关联。在这个时代里,世界的万物都被还原为一个理想的因果关系的存在巨链,而科学家和哲学家的任务就是尽可能地探索这个巨链的原理,并依照这些原理去创造事物,去有序而连贯地实现世界的进步。于是,一种进步主义的世界观出现了。在理性和科学的标准下,世界被划分成文明世界和蒙昧世界,而各个文明、各个种族之间的关系,被表达为因果性的线性关系。当绝对精神降临的时候,世界的万物都被还原为必然性和合理性,世界时代的最终蓝图让位于绝对理性的乌托邦,人类的自由也变成了顺从于大写理性的自由。我们需要的恰恰是马克思在博士论文中感悟到的那种伊壁鸠鲁或卢克莱修式的原子的偏斜运动,而不是德谟克利特式的恒定符合既定轨迹的原子运动。

或许,这正是尼采用闪电来形容事件的原因。让那种不曾在既定轨迹上出现的力量以具体的形态呈现出来,尼采期望的不仅仅是一道划破天空的闪电,而且是"闪电对我们自己的触动"①。显然,在今天,我们大可不必像斐洛那样,追溯一

---

① Friedrich Nietzche, *Writings from the Late Notebooks*, trans. Kate Sturge, Cambridge: Cambridge University Press, 2003, p.75.

个原初的创世事件,在那次事件之后,今天世界中的万物及其规律,都被视为创世事件的结果。而作为世俗世界中的有限的芸芸众生,他们只能像柏拉图笔下的雅典客人一样,去尽可能地切近神对世俗世界的安排,在一个稳定而有序的时空秩序下,实现向彼岸的泅渡。然而,尼采的主张在根本上否定了斐洛式的架构。在后来的法国的福柯、德勒兹、巴迪欧那里,说法应该是:不仅存在着事件(event),而且存在着诸多事件(events)。事件不是单一的,事件的结果,即我们眼下的现实世界,绝不是某一个创世事件一次性地形成的。在创世事件之后,事件不断地发生,事件构成了无数的转折点,让我们不断地从事件中去领悟新的力量。

当然,事件不同于事物。现代认识论往往喜欢将事物或主体孤立起来,从一个茕茕孑立的物体中,探索物体的原理。这样,关于物体的认识,仅仅是关于这个物体的认识;天空的那一道闪电,也仅仅是一种大气物理学的现象。然而,事件绝不是这样,一道闪电不仅与那片乌云有关,也与大地上的树木有关,甚至与几个在大路上踽踽而行的人有关。在闪亮的光芒带来轰隆隆的雷声之后,那几个行人显然也产生了对这种气象学现象的感触(affect)。在这个感触中,行人、树木、道路甚至草丛中的蚱蜢都可能成为这道闪电的共同见证者。在这些因素中,我们关心的不是带有电荷的云层相互接触产生的具有物理学因果关系的自然现象,而是闪电将世界统一为一个事件性世界,或者德勒兹意义上的解域化(deterritorization)的世界。正如克劳德·罗马诺所说:"于是,事件就是将自身展现为穿越天空的明亮的痕迹(trail),并直接消逝。所发生的一切导致了世界之中的诸多事物的改变。"[①]事件不仅仅是孤立的物体或主体的变化;更重要的是,事件划破了我们生存的天空,如同一道伤痕,永远地留驻在我们的世界之中,也留驻在我们的认识论架构之中。在事件发生之前的虚伪的静谧为触目惊心的事件所打破,事件让世界背负上了它的印记,并彻底地让我们赖以生存的无形的 chora 或"天地"发生了改变。这样,事件哲学的转向,不仅仅意味着对必然性哲学的打破和对至高无上的理性规律的挑战;更重要的是,事件带来了一种新的世界观,让我们可以通过事件留下的痕迹,看到一种曾经被视为不可能的事物的出现。

二、位置与意义:事件的本体论

对于事件,我们关心的不仅仅是那道撕破天空的闪电,即事件出现的事实状态;事件还与另一个维度有关,即语言层面上的事件。在词语关联上,事件与发生有关,无论是英语中的 take place,还是法语中的 avoir lieu,都包含着一个"位置"的概

[①] Claude Romano, *Event and World*, trans. Shane Mackinlay, New York: Fordham University Press, 2009, p.24.

念(英语的 place,法语的 lieu)。那么,我们可以这样来理解:事件不纯粹是一个事实的出现,它也是从没有位置(no-place)向占据某个位置(place)的转变。

其实关于事物产生的占位的讨论,柏拉图的《蒂迈欧篇》早就有所涉及。柏拉图提出,有几类不同的存在物,第一类是永恒的存在物,这种存在物不可毁灭,类似于洞穴之外的阳光和永恒的理念,不能用有限的感知来把握;第二类则可以被感知,可以被创造,它们不是永恒的,而是转瞬即逝的,可以在人类有限的意见中展现出来。关键在于,柏拉图提出,在永恒的理念和可感的事物之外,还有第三类存在物。柏拉图说道:

> 第三类存在是永久存在不会毁灭的空间,它为一切被造物提供了存在的场所,当一切感觉均不在场时,它可以被一种虚假的推理所把握,这种推理很难说是真实的,就好像我们做梦时看到它,并且说任何存在的事物必然处于某处并占有一定的空间,而那既不在天上又不在地下的东西根本就不存在。对于诸如此类的存在的真实的、确定的性质,我们仅有模糊的感觉,也不能摆脱梦寐而说出真理来。因为影像并不包括其所据以形成的实体,影像的存在总像是其他事物瞥然而过的影子,所以我们一定会推断它肯定有位置(chora,即位于空间中),以某

种方式维持其存在,否则就无从存在了。①

柏拉图在这里提出了一个十分有趣的问题。对于感性的人来说,他们有限的感官不能直接去接触洞穴外的阳光,即理念;同时,洞穴之中的影子作为我们的感官在此时此刻能够把握的对象,又不具有永恒性。所以,在永恒的理念和可感的对象之外存在着一个第三项。这个第三项保障了可感物的真理,因为它为可感物提供了位置,是可感物存在的条件;同时它不是清晰的影像,而是一种模糊的类似于梦寐之中的感觉,故而空间和位置(chora)本身是不可感的。正如阿甘本后来分析说:"如果柏拉图认为位置(chora)分有了理智(尽管其分有理智的方式很难被理解),这是因为观念和空间彼此相关联,都无法被感知。"②于是,我们可以这样认为:位置是事物产生的条件。也就是说,一个事物的产生,就是在空间中占据了一个位置。

另一个比较明确地注意到位置问题的古代思想家是斯多葛学派的塞克斯都·恩披里柯,在《反对理论家》中,他在区分了能指(signifier,即意指的词语)和对象(在现实中对应于词

---

① 王晓朝主编:《柏拉图全集》第三卷,人民出版社,2003,第 304 页。其中 chora 一词,在该书中被译为"处所",为了保障本文表述上的连贯一致,在引文中,我将其改为"位置"。

② Giorgio Agamben, *What is Philosophy?*, trans. Lorenzo Chiesa, Stanford: Standford University Press, 2017, p. 72.

语的事物)之后,提出了"还有某种东西附着(subsist beside)在我们的思想中,一个外国人即使听到了这个词也无法理解它。对象是外在地存在着的实体。我们知道,词语与对象,即被指示的东西和可说的东西,二者中有一个是无形的"①。塞克斯都·恩披里柯提出的可说的东西(the sayable)才是最核心的问题。一个事物的产生,并不一定只是在实体上产生,或许也需要在言说层面上产生。因此,当我们说一个事件的时候,恰恰是在可说性上赋予了它一个位置,即变成了一个可说之物。正如阿甘本分析说,"(塞克斯都·恩披里柯的)这段文字谈的并不是第二种意义上的物(显然这是因为它与所指之物不同),而是将要发生一个事件或产生一个真实的对象"②。这样,事件的发生不仅是在非感知性的空间中占据一个位置,也是在语言和言说中具有了可说性,让其变成了可以通过语言表达出来的事物。在《命案目睹记》中,另一辆火车车厢里的凶杀案的发生,在那位贵妇人之前的思想空间和可说性中并不具有一个位置。但凶杀案突兀地刺入贵妇人的视界之中的时候,它便占据了一个位置。不仅如此,事件超越了贵妇人之前的话语,因为穷尽她之前所有的言说,她都无法表现这个事件,只能以鸡零狗碎的言说来向警察诉说。而她的鸡零狗碎

---

① Sextus Empiricus, *Against the Logicians*, ed. Rcihard Bett, Cambridge: Cambridge University Press, 2005, p.92.

② Giorgio Agamben, *What is Philosophy?*, trans. Lorenzo Chiesa, Stanford: Standford University Press, 2017, p. 39.

的言说制造了事件的另一个层面，即事件不仅仅发生在空间中，也发生在言说之中。贵妇人的鸡零狗碎的言说，恰恰是一个言说事件，她让一个不可言说的东西变成了可言说的，让一个无法言说之物在语言中占据了一个位置，尽管这个位置上的言说仍然不是那种被秩序化的（ordered）言说，也不是日常交流的言说。警察听她的言说很费劲，但警察尽管无法完全理解贵妇人的言说，也能感觉到：那里发生了（avoir lieu）什么！

　　这样，我们就可以理解德勒兹在《意义的逻辑》中赋予"意义"（sens）一词的事件性含义。对于德勒兹来说，事件是先于既定的事物的，在各个事物确定的存在之前，存在着一个原初性事件。不过，德勒兹显然更关心那个决定了后来各个确定的事物存在方式的事件，究竟是如何在我们使用的语言中被确定、被规制、被关联起来的。这就是塞克斯都·恩披里柯谈到的事物的可说性问题。事件并不纯粹在于物理层面的发生，因为事件的发生需要在可说性或者无形的空间上占据一个位置，占据这个位置意味着需要一个与之相对应的命题。这样，在事件的占位或发生中，物理宇宙层面上的事件–后果（événements-effets）与无形的意义–效果（sens-effets）关联了起来。所以德勒兹说："只有在如下意义上，事件才成为'事件'：事件的条件并不是某个事态在时空意义上的实现。所以，我们不会问事件的意义是什么：事件本身就是意义。事件在本质上属于语言,它与语言存在着本质上的关联。"①

例如,中医中"阿是穴"的出现就是一个典型的意义-事件。唐代孙思邈的《千金要方》记载了一名医者替一位腿痛不已的患者看病,医者用针扎尽了他曾在医书上学到的各个穴位,而患者的疼痛依然没有减轻。于是,医者放弃了医书,顺着患者说痛的地方扎了下去。患者大喊一声"啊!是……",瞬间疼痛消失了。患者问医者:"此为何穴?"医者回答道:"此为阿是穴。"阿是穴的故事很好地阐释了德勒兹意义上的意义-事件。因为医者遇到的是一个在既定的话语体系中根本无法表述的事件,一个没有记载却在物理层面上发生了的事件。患者问医者"此为何穴?",实际上就是需要在意义上来把握事件,即将刚才发生的医者将针刺入一个他从未知晓的穴位并成功地消除病痛的事件。这个事件需要命名,需要变成一种可以在话语中被言说的事物,所以,事件发生了。当医者称之为"阿是穴"的时候,事件就在话语中取得了一个位置,并真正作为"阿是穴"的意义-效果而留驻。

我们从德勒兹这里可以得出一种事件的本体论。对于事件来说,最为关键的问题不是它在物理时空中的发生,而是一种占位,即在柏拉图意义上的对 chora 的占有,或者是塞克斯都·恩披里柯意义上的对可说性的占位,也是德勒兹意义上

---

① Gilles Deleuze, *Logique du sens*, Paris: Minuit, 1969, p.34.

的对话语意义的占位。也正是在这个意义上,德勒兹明确表示,事件在本质上就是意义(sens),即在话语中产生的意义。正如塞恩·博登评价说:"德勒兹可以说,事件最终对应于命题的'意义',被理解为'意义-事件',即语言实际上承载着事件的效果。换句话说,物体和事件-效果之间在本体论上的差别(参照和意义)让事件得以在表述事件的命题中'持存'(subsister)。"①我们必须注意的是,这里的持存(subsister)与事件的实存(exister),在德勒兹的《意义的逻辑》中是不同的。因为实存指事件或事态在物理层面上正在发生,而持存代表着在命题和话语中所留驻的事件,即在意义层面上所表达的事件。的确,在物理空间中,事件转瞬即逝,如同尼采的闪电一样。而我们所谈的事件,恰恰不是纯粹物理层面上的事件,不是事件正在发生,而是事件发生之后,在话语和语言层面上的留驻,即事件的意义-效果。在医者治好了患者的腿痛之后,如果没有"阿是穴"的命名,这则轶事或许会被淹没在历史长河之中。正是这个"阿是穴",让事件真正敞开了我们的话语空间,让它在我们的可说性之中占据了一个位置,成为意义上的事件。那么德勒兹的"意义"(sens),就是事件的发生(avoir lieu)在话语和命题中留下的伤口与痕迹,它的存在并不在于与既定的语言体系以及确定的词和物的关系保持连贯

---

① Sean Bowden, *The Priority of Event: Deleuze's Logic of Sense*, Edinburgh: Edinburgh University Press, 2011, p.26.

一致性，而是留下一个印记，一个不可磨灭的印记。从此往后，那个转瞬即逝的事件在可说性的话语中永远留存了它的意义。这是一种事件的本体论，即事件相对于确定事物和他们的话语秩序的绝对优先性。正如詹姆斯·威廉姆斯评价道："每个事件也都和它所呈现的一切潜在意义的永恒的、理念的方面相联系。每一个没有位置的占领者，每一个意义和所有潜在的强度层次都'盘旋'在对它们进行表现的物理事件之上。"①

三、奇点临近：事件与未来

不过，对于德勒兹来说，他的《意义的逻辑》的目的，并不在于用一种事件的本体论，来取代之前的语言本体论或实体本体论；更重要的是，他赋予"事件"和"意义"一种解放的意义，一种指向即将到来的未来社会的意蕴。显然，"事件"不仅仅是发生在当下，还是对既定的语言和话语框架的突破。在后来的《普鲁斯特与符号》中，他继续说道："对符号敏感，将世界看成一个有待解码的对象，毫无疑问是一种天赋。但如果我们不创造出更多必要的事件，这种天赋就会被埋没；如果我

---

① 詹姆斯·威廉姆斯：《事件》，收录于查尔斯·斯蒂瓦尔主编《德勒兹：关键概念》，田延译，重庆大学出版社，2018，第125页。

们不能超越某些陈腐的观念，这些事件就会无济于事。"①这样，事件不仅指向一个过去，一个未曾被事件改变的过去，一个在常规秩序和日常生活中运转的过去，而且指向了将来。事件的发生或占位，究其根本，就是对当下的彻底改变，让事件和意义指向一个未来。德勒兹将事件等同于另一个关键词，即奇点（singularité）。在《意义的逻辑》中，德勒兹明确指出："什么是理想的事件？这就是奇点，或者毋宁说是一系列奇点或奇点的集合，它们代表了一条数学的曲线，一个物理现象，一个心理上和道德上的人格。奇点就是转折点和感染点，它是瓶颈，是节点，是玄关，是中心，是熔点，是沸点，是泪点和笑点，是疾病和健康，是希望和焦虑，是'敏感'点。"②那么，事件和意义就是奇点，一个不能被还原到既定的平缓结构上的点，它是突兀的，是有褶皱的，它耸立在那里，成为一个奇观。最终，事件或奇点打破了既有的宁静，让世界上涌动的潮流沸腾起来，让世界都围绕着奇点的节奏而流动。只有在那一刻，我们才能体会到事件或奇点降临的意义。正如人工智能学者库兹韦尔（Kurzweil）十分明确地谈道："什么是奇点呢？奇点是未来的一个时期：技术变革的节奏如此迅速，其所带来的影响如此深远，人类的生活将不可避免地发生改变。虽然这个纪元既不是乌托邦，也不是反乌托邦的形态，但它将人类的信

① Gilles Deleuze, *Proust et les signes*, Paris: PUF, 1998, p.37.
② Gilles Deleuze, *Logique du sens*, Paris: Minuit, 1969, p.73.

仰转变为生命能理解的意义；将事物模式本身转变为人类生命的循环，甚至包含死亡本身。理解奇点，将有利于我们改变视角，去重新审视过去发生的事情的重要意义，以及未来发展的走向。"①

　　显然，对于今天的思想家来说，无论是马克思、尼采、海德格尔，还是福柯、德勒兹、巴迪欧、齐泽克，他们思考事件，不是为了理解一个业已逝去的过去，也不是为了诠释逐渐凝固成常规的当下，而是指向一个未来，一个被保守主义斥责为不可能的未来。是的，事件就是不可能性的奇点，在奇点上，那个曾经被视为不可能的东西在事件冲击下成为可能。用齐泽克的话来说就是："什么是不可能？我们的回答应该是一个悖论，这改变了我最开始所说的话：做个实在论者，追求不可能之物（Soyons réalistes, demandons l'impossible）。唯一的实在论的选择就是在现有体系下做不可能的事情。这就是让不可能成为可能。"②

　　而另一位法国思想家巴迪欧对于事件的问题给出了一个数学式的形式化表达。早在1988年的《存在与事件》中，巴迪欧就从集合论出发，论证了在位（site）之上发生事件的可能性，以及在事件之后，将那种无法被之前的情势状态（état de la

---

① 雷伊·库兹韦尔：《奇点临近》，李庆诚、董振华、田源译，机械工业出版社，2021，第1页。
② Slavoj Žižek, *Demanding the Impossible*, Cambridge: Polity Press, 2013, p.144.

situation)计数为一的不可辨识之物(les indiscernibles)纳入新的运算体系中,从而达到对以往的情势状态的改变。这种形式化的表达对于那些不熟悉集合论的读者来说很难理解,所以在 2006 年的《世界的逻辑》中,巴迪欧给出了一个新的形式化解释。按照巴迪欧自己的说法,《世界的逻辑》更像是他自己的《精神现象学》,它的目的不是在一个远离世界的数学的空中楼阁中解说抽象事件。巴迪欧希望对事件的理解能够降临在具体的层面上,让事件真正成为支配着现实世界的力量。

在《世界的逻辑》中,巴迪欧修正了之前他在《存在与事件》中经常使用的"情势状态"的概念,并且使用了一个新的概念:"超验"。巴迪欧的超验不同于康德式的观念论意义上的超验,因为巴迪欧的超验不是唯一的,世界可能存在着多个超验框架。但超验框架就是我们去面对这个世界的一个基本的无形空间,在一定程度上,超验的概念类似于柏拉图在《蒂迈欧篇》中所说的 chora,也类似于塞克斯都·恩披里柯意义上的可说性。它是一个基本架构,世界上的一切都需要通过整个基本架构表象出来。如果我们将巴迪欧的超验 T 和世界 M 的概念与德勒兹的理论相比的话,那么,超验 T 更类似于德勒兹提到的艾甬(Aion),一个无限可分的时空,有限的主体正是通过整个无限可分的架构来看待整个世界。而那个世界 M 并不会直接向我们呈现出来,那个世界是一个未分的(indifferent)世界,我们从那个世界里得不到任何认识。只有通过超验 T

的框架,我们才能将那个未分的世界的某些部分转化为表象的对象。一个事物在超验 T 之下的表象不等于这些事物在世界 M 上的存在,但是,就同样处于超验 T 之下的人来说,他们更关心的是事物在 T 之下的表象。例如,对于一个驾车在路上行驶的司机来说,路边的任意两棵树是一样的,即便这两棵树实际上存在着巨大差别。一个路过的司机并不关心两棵树有什么区别,他只知道,在他的视野里,那是两棵同样的树。对于他而言,这两棵树的表象的相似值很高。相反,一个躺在两棵树下休息、仰望着两棵树的人,则有着与路过的司机不同的感受,他可以仔细琢磨两棵树之间存在的具体差别,甚至可以观察出两片树叶的轮廓和色泽的差别。这样,对于躺在树下休息的人来说,两棵树的表象的相似值很低。

在这个基础上,巴迪欧提出了自己的实存概念,即一个对象在超验 T 下的表象与世界 M 上的存在的关系构成了一个函数关系,即实存函数 $E_x = Id(x, x')$。这个函数表明,对于既定的 x 来说,实存函数代表着 x 在 T 下的表象 x' 与自身在世界中的存在 x 之间的同一性关系。如果函数 E_x 取最大值 1,则代表对象 x 如其所是在超验 T 下表象出来,它获得了最大的实存值;相反,如果函数 E_x 取最小值 0,则意味着对象 x 完全没有在超验 T 之下表象出来,或者它的表象与自己的存在有着天壤之别。对于巴迪欧来说,取得了一定的实存函数值的对象是实存的,但是一旦实存值为 0,这个对象就变成了一个非在

（inexistent）。巴迪欧的非在的意义十分重要，它并不是非存在（non-être），也就是说，该对象在世界上存在，但并没有在超验 T 下表象出来。例如，在 1848 年革命之前，在马克思、恩格斯的《共产党宣言》之前，无产阶级并非不存在，但是在资产阶级的政治的超验 T 之下，它们并没有被表象出来。无产阶级被视为不具有政治能力的存在，只能成为资产阶级的附庸，沿着资产阶级开辟的道路前进。但是 1848 年革命以及后来的巴黎公社革命显然改变了这一切。无产阶级通过武装革命，通过占领巴黎，在政治的超验 T 中实现了自己的表象，让自己的政治表象与自己在世界上的存在获得了实存的函数值。也只有在那一刻，马克思才在《法兰西内战》中称颂道："这是使工人阶级作为唯一具有社会首创能力的阶级得到公开承认的第一次革命；甚至巴黎中等阶级的大多数，即店主、手工业者和商人——唯富有的资本家除外——也都承认工人阶级是这样一个阶级。"①

那么，由于这种特殊的形式化表述，巴迪欧实际上赋予了事件一个新的含义："一个事件的真正结果就是非在的实存。"②这就是巴迪欧的事件。与德勒兹的事件不同，巴迪欧不认为随意发生的一点变化就是事件，他对于事件有一个十分明确的界定：事件不仅仅是变化和生成，而且需要让之前存在

① 马克思：《法兰西内战》，人民出版社，2016，第 65 页。

② Alain Badiou, *Logiques des mondes*, Paris: Seuil, 2006, p.398.

着但并不实存(或没有得到表象)的对象获得最大值的存在,
即让非在成为实存。在这个意义上,巴迪欧也认同事件就是
奇点。不过相对于德勒兹而言,他区分了强奇点和弱奇点。
虽然弱奇点也能让非在表象出来,但是它并没有改变一切,而
是被之前的框架或超验 T 暴力性地还原为之前的一个值。比
如,英国"宪章运动"中的工人阶级发动了运动,让自己获得了
实存值,但这个实存值不是属于工人阶级独特地位的实存值,
而是被还原为类似于资产阶级公民的实存;也就是说,工人阶
级的特殊性被淹没在资产阶级的实存值之中,虽然工人阶级
被表象出来,但它是作为资产阶级公民的等值来被表象的。
与之相反,强奇点不仅要获得等值,还需要获得属于工人阶级
的特殊值。等值意味着运动和改变成为之前社会结构的延
续,只有当工人阶级获得自己的特殊值(巴迪欧强调的实存的
最高强度值)时,我们才能说一个事件发生了。巴迪欧说:"事
件(événement)或强奇点是真正的变化,其位转瞬即逝的实存
强度为最大值,这样在这个位的诸多结果中,存在着专属于这
个位的非在的最大的实存强度的生成。我们也可以说,事件
是对非在的绝对化。事件不是弱奇点,也不是一个事实,更不
是一次改进。"①这样,强奇点意味着让之前的并未获得实存值
的非在获得了最大程度的实存值,而且,这个实存值也促进了

---

① Alain Badiou, *Logiques des mondes*, Paris: Seuil, 2006, p.608.

超验的改变,生成了一个未来的新世界。

　　尽管德勒兹、巴迪欧、齐泽克等人对事件有着不同的界定,但是他们的目的是一样的,他们都不甘心在一个看似秩序井然的社会中如此轮回下去。所以,德勒兹提出了意义、奇点,齐泽克提出了不可能性,巴迪欧提出了事件、强奇点和最大实存值来祈盼一个不可能的未来。他们相信,一定有一个不同于当下的未来,一定存在着一个强奇点,它会成为一道裂缝,撕开这个世界虚伪的表象。而整个世界上的保守派和反动派,所做的正是齐泽克所说的"撤销事件"(undoing an event),即他们竭尽全力阉割掉那些奇点,切除那些世界中的剩余物和溢出物。只有切除这些奇点,世界才会向他们表象为"历史的终结",让新自由主义的帝国成为永世的轮回。我们需要相信的是,这个世界存在着改变,存在着事件,正如齐泽克所说:"在这压抑的大环境下,对以往事件的撤销成了主导性的进程,既如此,那些真正政治事件的发生还有多大的可能性呢? 面对这个问题,我们应该提醒自己:事件乃是一个激进的转捩点,这个点的真正维度却是不可见的。"①这样,忠实于事件,就是忠实于一个未来,也是不甘愿臣服于当下的压抑和沉默。这正是当代左翼思想家需要事件转向的根本原因。让事件划破那乌云密布的天空,让闪电照亮污浊的大地。希

---

① 齐泽克:《事件》,王师译,上海文艺出版社,2016,第211页。

望！希望！让踽踽独行的人们可以抬头看见希望！让他们不再湮没在压抑而沉闷的阴霾之中，让他们可以看到远处的大海，去开启那场不知到达何处的远航！

目　录

第一章　马克思主义视野下的事件

　　什么是事件？今天为什么要谈事件？事件与当代马克思主义哲学有什么关系？对于这个问题的回答，需要回到近五十年来的哲学发展。在 20 世纪末，哲学研究实际上发生了两个转向。第一个转向已经众所周知，从晚期的维特根斯坦的"语言游戏"和奥斯汀的"如何以言行事"开始，语言不再是枯燥的语义学分析，而是通过语言来塑造的社会关系和行为体系。这样，语言学转向的本质是语用学转向，或者说主体间性转向。因为通过语言的沟通和交流，不同的主体之间达成某种一致或产生某种行为模式，已经成为 20 世纪末和 21 世纪初的一门显学。例如，法兰克福学派第二代标志性人物尤尔根·哈贝马斯的两卷本的《交往行动理论》就是在这个背景下完成的。不过语言学转向或主体间性转向的一个问题在于，他们无疑夸大了语用学和主体间性的沟通的地位，从而用复数的语言交往的主体取代了笛卡尔的孤独沉思的主体，但是他们的思考仍然建立在主体相对于客观世界的优先地位之上。这样，他们无论如何强调"交往"，如何关注"以言行事"，实际上都并没有脱离马克思主义所批判的唯心主义的窠臼。

那么，我们必须面对另一个转向，这就是晚期海德格尔、福柯、德勒兹、巴迪欧、齐泽克、阿甘本的思想，甚至最新的思辨实在论（speculative realism）的思想中隐含的"事件转向"。事件是一个建基性的事件，在事件中，并不是主体的沟通和交往奠定了此后的社会秩序。而海德格尔的《哲学论稿》、德勒兹的《意义的逻辑》以及后来的巴迪欧的《存在与事件》，都隐含着这样一个逻辑：在某个不可逆转的事件中，在世存在的人以一种全新的方式关联于世界中各种存在物，人在世界中成为事件之后的架构的一部分，而不是人（或沟通交往的主体间性）从主观反面建构了世界秩序。世界是在事件之中产生的，这样，哲学的事件转向实际上将我们与世界万物的关系重新拉回到唯物主义的根基上来。不过，我们需要注意的是，事实上真正最早从事件发生来思考唯物主义的不是别人，正是马克思本人。在19世纪中叶，当费尔巴哈从唯物主义角度来批判青年黑格尔派的自我意识的哲学时，马克思却隐晦地将一个事件性维度灌注到唯物主义之中，从而与费尔巴哈的感性唯物主义拉开了距离，并在此基础上形成了历史唯物主义。

于是,我们需要回到 19 世纪 40 年代的德意志,看看马克思是如何通过事件来超越德国古典唯心主义和费尔巴哈的感性唯物主义的。

一、伊萨尔河畔的樱桃树

1845 年,在《德意志意识形态》中,马克思用了一个十分有趣的隐喻来表明他与费尔巴哈的区别。马克思指出,费尔巴哈没有看到:

> 他周围的感性世界决不是某种开天辟地以来就直接存在的、始终如一的东西,而是工业和社会状况的产物,是历史的产物,是世世代代活动的结果,其中每一代都立足于前一代所奠定的基础上,继续发展前一代的工业和交往,并随着需要的改变而改变他们的社会制度。甚至连最简单的“感性确定性”的对象也只是由于社会发展、由于工业和商业交往才提供给他的。大家知道,樱桃树和几乎所有的果树一样,只是在几个世纪以前由于商业才移植到我们这个地区。由此可见,樱桃树只是由于一定的社会在一定时期的这种活动才为费尔巴哈的“感性

确定性"所感知。①

　　这是一个十分有趣的比喻。我们可以设想这样一个场景，19世纪40年代，正值中年的费尔巴哈漫步在勃鲁克堡（Bruckberg）南部的伊萨尔河畔。自从他在1830年撰写了带有斯宾诺莎主义色彩的《论死与不朽》（*Gedanken über Tod und Unsterblichkeit*）之后，他就被剥夺了纽伦堡大学的教职，只好搬到勃鲁克堡。他妻子的家族在那座巴伐利亚的小镇上有一家瓷器厂，让他暂时可以衣食无忧，潜心写作，来完成他未竟的批判事业。正是在这个小镇上，他完成了惊世骇俗的《基督教的本质》——一本后来对马克思、恩格斯、赫斯等人产生巨大影响的著作。在这本书中，他以一种激进的人本主义立场，对基督教的宗教神学进行了无情的批判，同时也将批判的矛头指向了黑格尔，认为黑格尔的哲学不过是精神化的宗教神学。随后，他又撰写了《未来哲学原理》，从而在感性直观的基础上重新建立了一种自康德、费希特、谢林、黑格尔以来的唯心主义哲学。他力图将哲学的基础建立在现实和实在的概念基础上，从人的感性直观出发，去批判唯心主义的隐形的神学。在这个方面，费尔巴哈的影响力是巨大的，正如恩格斯晚年在《路德维希·费尔巴哈与德国古典哲学的终结》中谈道："这部

①《马克思恩格斯选集》第一卷，人民出版社，2012，第155—156页。

书的解放作用，只有亲身体验过的人才能想象得到。那时大
家都很兴奋：我们一时都成为费尔巴哈派了。"①的确，费尔巴
哈的感性哲学似乎将德国古典唯心主义哲学一下子从天国拉
回到大地上，也只有与大地相关联的感性直观才能让我们通
向最真实的事物和世界，正如伊萨尔河畔的那些樱桃树，我们
不必认为它们是形而上学的自我意识的表象。这种主张一下
子让费尔巴哈站在了青年黑格尔派的对立面，因为青年黑格
尔派的布鲁诺·鲍威尔(Bruno Bauer)等人相信："无限的自我
意识的原理界定了主体与世界的关系，它就是对反对一切先
验性力量的人类自由的肯定。"②费尔巴哈看到了樱桃树，他知
道这里的樱桃树并不是什么无限的自我意识，也不是什么对
人类自由的肯定；樱桃树就是以感性的方式与主体发生着关
系，而正是在这种感性直观中，我们确定了樱桃树在世界上的
存在。所以，费尔巴哈十分坚定地认为，青年黑格尔派的自我
意识的自由就是一种新的神学，一种将最直接的感性神秘化
的体现。于是，在《未来哲学原理》中，他才十分明确地指出：

> 具有现实性的现实事物或作为现实的东西的现实事
> 物，乃是作为感性对象的现实事物，乃是感性事物。真理

---

① 《马克思恩格斯选集》第四卷，人民出版社，2012，第228页。

② Douglas Moggach, *The Philosophy and Politics of Bruno Bauer*, Cambridge: Cambridge University Press, 2003, p.99.

性、现实性、感性的意义是相同的。只有一个感性的实体，才是一个真正的、现实的实体。只有通过感觉，一个对象才能在真实的意义之下存在——并不是通过思维本身。①

显而易见，相对于青年黑格尔派的无限的自我意识，费尔巴哈的贡献就在于从感性的角度重新确立了真正的知识和哲学。马克思在《1844年经济学哲学手稿》中对费尔巴哈的这个贡献给予了很高的评价，称赞费尔巴哈"创立了真正的唯物主义和实在的科学"②。费尔巴哈散步时在伊萨尔河畔看到的樱桃树成为对鲍威尔的自我意识哲学最有力的回击。换句话说，整个世界的知识和科学，并不是建立在那种抽象的自我意识和人的自由的词语之上，而是建立在伊萨尔河畔这些活生生的樱桃树上的。在费尔巴哈看来，正是对这些樱桃树的感性直观，构筑了主体和世界的关联，人在这种感性直观中获得了最现实、最真实的知识。

然而，费尔巴哈建立感性唯物主义的地方，也正是马克思与费尔巴哈分道扬镳之处。在《关于费尔巴哈的提纲》中，马克思已经明确地看到了这种感性唯物主义的问题之所在，马

---

① 费尔巴哈：《费尔巴哈哲学著作选集》（上卷），荣振华、李金山等译，商务印书馆，1984，第166页。
② 《马克思恩格斯全集》（中文第二版）第三卷，人民出版社，2002，第314页。

克思指出："费尔巴哈想要研究跟思想客体确实不同的感性客体，但是他没有把人的活动本身理解为对象性的活动。因此，他在《基督教的本质》中仅仅把理论的活动看作是真正人的活动，而对于实践则只是从它的卑污的犹太人的表现形式去理解和确定。"①在这里，马克思指出了费尔巴哈的感性唯物主义的问题在于将感性当作一种抽象，从而没有从活生生的感性的人的实践角度去思考事物。也就是说，虽然费尔巴哈强调了感性，但是他的感性仍然是一种抽象的感性，并不是具体的在现实生活中的活生生的人的感性。他所做的工作不过是用一种抽象感性概念替换了青年黑格尔派的自我意识或黑格尔的绝对精神而已，并没有真正让知识和哲学降到最现实的地面上。这样，感知到伊萨尔河畔的樱桃树的并不是一种被称为"感性直观"的东西。这种所谓感性直观实际上离不开在河边散步的留着大胡子、戴着礼帽的德国人的目光。只有这个德国人盯着河畔的樱桃树时，圣布鲁诺的自我意识的魔咒才能被打破，世界才能回归到真正的现实中来。

　　不过，将抽象的感性直观还原为活生生的感性的人的实践，并不是这个步骤的关键。实际上，马克思对费尔巴哈的感性唯物主义的批判，是在《德意志意识形态》中才完成的。在前文引述的文章中，马克思也谈到了樱桃树，那些长在巴伐利

①《马克思恩格斯选集》第一卷，人民出版社，2012，第133页。

亚州的樱桃树。马克思注意到了一个关键的问题:活生生的
感性的人,去感知伊萨尔河畔的樱桃树,是否就能够获得关于
真实世界的知识? 答案是否定的。马克思给出了一个大胆的
假设:如果费尔巴哈早出生几个世纪,他同样在勃鲁克堡的伊
萨尔河畔散步,在那里,他将看不到任何的樱桃树,那时的伊
萨尔河畔可能只有一片杂乱的草地,没有那些排列整齐、长满
红色果实的樱桃树。换言之,如果从纯粹的自然的角度来说
("自然"概念也是费尔巴哈使用的一个主要概念),伊萨尔河
畔根本没有樱桃树;甚至可以说,从自然生长规律来说,或许
整个巴伐利亚州都没有樱桃树。而在伊萨尔河畔散步的费尔
巴哈能够看到,或者说能感性直观到樱桃树的存在的理由是,
樱桃树"在几个世纪以前由于商业才移植到我们这个地区。
由此可见,樱桃树只是由于一定的社会在一定时期的这种活
动才为费尔巴哈的'感性确定性'所感知"。

　　这里值得注意的是"一定的社会在一定时期"这个表达,
它 的 德 语 原 文 是 einer bestimmten Gesellschaft in einer
bestimmten Zeit,其中的 bestimmten 的意思是"在内容上得到了
界定"(inhaltlich festgelegt),这意味着,bestimmten 并不是一个
普遍意义上的概念,它只是在被界定的范围和内容上才具有
效果。因此,费尔巴哈的樱桃树,实际上被界定了时间和空
间,空间就是勃鲁克堡的伊萨尔河畔,而时间是一个更有趣的
设定。换言之,曾经存在着一个时间,在那里,在伊萨尔河畔,

没有樱桃树;或者更准确地说,人类有史以来,在很长一段时间里,伊萨尔河畔都没有樱桃树。而费尔巴哈的感性直观只能感受樱桃树在某一时刻的存在,但无法贯穿整个历史,将樱桃树看成普遍的历史现象。

后来的意大利思想家阿甘本在对亚里士多德《范畴篇》中的表达 ti en einai(是其所曾是)进行研究时,发现亚里士多德用了一个过去式 en 来说明事物的本质。对于亚里士多德为什么要使用一个过去式来表达代表本体论的界定"是其所曾是",阿甘本给出的解释是,亚里士多德并不是从一个固定不变的本质上的是或存在来界定实存着的事物的。这样,古希腊语的表达 ti en einai 代表着存在本身就具有一个内在的时间结构,即我们总是在当下的理解中,将一个"过去"和"当下"区分开来。这种区分还有一个十分重要的意义,那就是只有在某一个时间点上,我们感知并谈论某个事物才能成为可能,用阿甘本的话说,"言说特定存在物的不可能性(除非对它进行命名)就会产生时间,并将存在物吸纳到时间当中"①。阿甘本的意思是说,如果我们要言说樱桃树,那么一定存在着一个可以言说樱桃树的特定时间。在这个特定时间之前,我们无法感知和言说樱桃树;只有某个时间段之后,樱桃树才能被我们感知和言说。这里产生了两个结果:

① Giorgio Agamben, *The Use of Bodies*, trans. Adam Kotsko, Stanford: Stanford University Press, 2016, p.128.

(1)由于言说特定事物产生了一个"过去"(不能感知和言说特定事物的时间)和"当下"(可以感知和言说特定事物的时间),于是,对樱桃树的言说展现为一段历史,单一的对樱桃树的感知展现为过去和当下的区别。在这个区别中,我们可以瞥见马克思将要创立的历史唯物主义的轮廓。简言之,在费尔巴哈那里,樱桃树仅仅是作为一个事物成为感性直观的对象,它是任由感性直观剖析的静态事物;而在马克思的《德意志意识形态》中,樱桃树不再是枯燥的、单调的感性对象,而是一种活生生的历史构建,它将伊萨尔河畔没有樱桃树和有樱桃树的时间变成了历史,即过去与当下的对照。

(2)樱桃树并不是凭空出现的,过去与当下的历史区别也不是凭空产生的,樱桃树的出现不是抽象的自我意识的设定,而是一种现实的事件。也就是说,一定是巴伐利亚地区发生了什么,樱桃树才能出现在勃鲁克堡的伊萨尔河畔。存在着一个奠基性的事件,让费尔巴哈甚至巴伐利亚州的所有人都能在伊萨尔河畔感受到樱桃树的存在。对于马克思来说,这不是感性直观的问题,而是一个现实的历史的问题。不过马克思已经给出了明确的答案,这个事件就是随着巴伐利亚州的工业和商业的发展,人们有了食用樱桃的需求,樱桃树才从其他地区被移植到静谧的伊萨尔河畔,才能出现在费尔巴哈面前,为他的"感性确定性"所感知。这样一来,樱桃树的问题不再是感性直观的僵死的事实,而是一种历史的存在物。在某个历史事件之后,樱桃树才能出现在人们的面前,为人们所感知,所认识,所言说。同样,马克思用这种历史的维度来批判费尔巴哈的感性直观的粗陋:"打个比方说,费尔巴哈在曼彻斯特只看见一些工厂和机器,而100年以前在那里只能看见脚踏纺车和织布机;或者,他在罗马的坎帕尼亚只发现一些牧场和沼泽,而在奥古斯都时代在那里只能发现罗马富豪的葡萄园和别墅。"①历史总是在不断的事件中形成的,马克思通过事件(罗马的庄园、100年前的脚踏纺车、曼彻斯特的工厂)来彰显出历史发展的现实性和物质性,也只有在事件中,事物才展现出它与社会的具体关系,才成为我们感知和认识的对象。

总而言之,马克思对费尔巴哈的批判势必包含着一个"事件"(Ereignis)的维度,也正是在"事件"之中,某个确定的感性直观的对象才能展现为历史的事实;也只有在对象性的"事件"中,才能展开马克思的历史唯物主义之维。

二、事件的奠基与历史的展开

尽管在《德意志意识形态》的文本中,马克思更关注的是历史(Geschichte),而不是事件,但是,马克思的"历史"概念从

---

① 《马克思恩格斯选集》第一卷,人民出版社,2012,第156页。

一开始就区别于黑格尔在《历史哲学》中使用的"历史"概念。马克思并没有将历史看成绝对精神或自我意识在时间中的展开,而是将历史放在现实世界的地面上。不过,没有了自我意识和绝对精神这样的动力,现实世界中的事物如何将自己展现为历史?因为这种先验性或超越性的动力,历史的展开只能转向自身,转向内在的实在性,但费尔巴哈只能通过主体的感性直观来把握现实与实在。这样,现实中的事物,包括现实中的社会关系都被费尔巴哈直观为一种静态的存在物,无法让它们在时间中展开。换句话说,马克思从费尔巴哈的感性唯物主义过渡到历史唯物主义,这绝不是用历史概念来替代费尔巴哈的感性概念那么简单。换言之,从一开始,马克思就不准备在一种主体对世界的感性或静观中去感受世界的静谧和真实,而是从感性的人的活动——实践出发,让具体世界中的事物,通过人的实践活动,在时间中展开,成为历史。但是,相对于在《关于费尔巴哈的提纲》中,在《德意志意识形态》中他很少使用"实践"概念。也就是说,尽管人的实践活动在历史的展开中十分重要,但是,过于夸大实践中的主体作用,势必让历史唯物主义重蹈青年黑格尔派的覆辙。这样,现实事物的历史展开实际上并不纯粹是主观向度的展开,即仅仅将现实世界看成人的实践活动的展开,马克思也深刻地意识到,在现实世界中存在着某种不受主观性控制的物质性的力量:

历史的每一阶段都遇到一定的物质结果,一定的生产力总和,人对自然以及个人之间历史地形成的关系,都遇到前一代传给后一代的大量生产力、资金和环境,尽管一方面这些生产力、资金和环境为新的一代所改变,但另一方面,它们也预先规定新的一代本身的生活条件,使它得到一定的发展和具有特殊的性质。由此可见,这种观点表明:人创造环境,同样,环境也创造人……各代所遇到的这些生活条件还决定着这样的情况:历史上周期性地重演的革命动荡是否强大到足以摧毁现存一切的基础;如果还没有具备这些实行全面变革的物质因素,就是说,一方面还没有一定的生产力,另一方面还没有形成不仅反抗旧社会的个别条件,而且反抗旧的"生活生产"本身、反抗旧社会所依据的"总和活动"的革命群众,那么,正如共产主义的历史所证明的,尽管这种变革的观念已经表述过千百次,但这对于实际发展没有任何意义。①

在这段引文中,马克思已经明确表明了,历史在现实世界中的展开并不纯粹是某种主观力量造成的,这种主观力量(包括人的实践)在一定程度上受到了具体的生产力、资金和环境的制约。不过,这种客观向度的变革并不是单纯的线性和匀

---

① 《马克思恩格斯选集》第一卷,人民出版社,2012,第172—173页。

质的历史发展,马克思看到,在历史发展中实际上有"周期性地重演的革命动荡",而这种"革命动荡"在一定时期会强大到"摧毁现存一切的基础"。所以,从这个角度来看,马克思实际上已经在现实的历史发展中为事件的发生留下了位置。而历史的展开不是一种平缓而均匀的线性发生,历史的进程总是为某些现实的不可逆转的事件所打破,最为关键的是,这种事件的发生并不像一道闪电,转瞬即逝,只在人们的记忆中留下一道痕迹。马克思在这里提到的"革命动荡"并不是闪电,而是会摧毁现存一切的基础。这意味着,在"革命动荡",即事件的基础上,旧的世界的根基和架构被彻底打破,为即将来临的世界奠定基础。所以,我们可以明确地看出,马克思所说的历史并不是某种绝对精神或历史规律的展开的历史,在历史唯物主义观念下,历史总是不断地被事件打破,它的规则和结构每一次都需要在历史事件之后重建。

不过,在进一步讨论马克思的事件观念之前,我们还需要先解决一个问题。实际上,在阅读马克思的文本,尤其是《德意志意识形态》的时候,不难发现,马克思实际上已经使用了"事件"(Ereignis)一词。这个词出现在《费尔巴哈》一章的开篇,马克思的原文是:"然而,不管怎么样,这里涉及的是一个有意义的事件:绝对精神的瓦解过程。在最后一点生命的火花熄灭之后,这具残骸的各个组成部分就分解了,它们重新化合,构成新的物质。"①

　　这里的"事件"一词,在《德意志意识形态》中并不是作为哲学的专用词语被提出来的,马克思在整部《德意志意识形态》中对"事件"一词的使用,更多是遵循德语中的日常用法。不过,后来的海德格尔,尤其是在他晚年的《哲学论稿》中,从存在论的高度对"事件"一词给出了详细的解释:

　　　　一旦存在(Seyn)真相的奠基者居于其下(Untergang)而奠基,那么诸存在物便稳如磐石。存在本身需要如此。它需要居于其下的奠基的东西,此外,无论存在物在何处显现,它都已经居有了这些居于其下奠基的东西,并将它们指派给自己。这就是存在本身的本现(Wesung),我们称之为事件(Ereignis)。我们根本没有任何尺度来衡量存在与其所占据的此在之间不断变换的丰富的关系,也无法计算出事件发生的全貌。②

　　尽管海德格尔关于事件的解释佶屈聱牙,但是我们可以从中理解这样几个要点:

　　(1)事件是一种"居于其下"(Untergang)的东西。

----

① 《马克思恩格斯选集》第一卷,人民出版社,2012,第 142 页。
② Martin Heidegger, Gesamtausgae Band 65. *Beiträge Zur Philosophie*. Frankfurt: Vittori Klostermann, 1989, p.7.

Untergang 本义是下沉、沉没。但是如果在这段话里,将
Untergang 直译为沉没,就会感觉十分怪异。不过,我们结合海
德格尔前面的一段文字来解读,就会明白其中的含义:"有时
候,那些受到深渊(Abgrund)庇护的此在的火焰必然将深渊的
奠基者化为灰烬,这样,对于人们来说,此在才成为可能,诸多
存在物的稳定性才得到恢复,在大地与世界冲突中所敞开的
国度才能让存在物本身得到恢复。"①海德格尔的意思是说,在
事件的奠基之前,大地是一片深渊,在这片深渊之上,没有任
何存在物可以驻足,任何东西都无法被言说。换句话说,为了
让言说成为可能,让存在物得以稳定,就必须让某物落下或沉
没,充当一个基础。这个落下的某物为此在、为人类敞开了一
个国度,而只有在这个国度中,存在物的稳定性和连贯性,以
及我们对它们的言说才可能发生。所以,总有什么东西"居于
其下",对世界进行奠基,也只有在这种奠基的基础上,我们的
言说和此在才成为可能。

(2)那么,究竟是什么东西落下,居于其下成为基础呢?
按照海德格尔的说法,是存在的本现(Wesung),海德格尔将这
个本现称为"事件"。这个本现并不是本质(Wesen),海德格
尔在这里使用的动名词形式,表明本现是一个不断发生并成
为基础的过程。换句话说,对世界进行奠基的,不是某种观念

---

① Martin Heidegger, Gesamtausgae Band 65. *Beiträge Zur Philosophie*. Frankfurt: Vittori
Klostermann, 1989, p.7.

性的本质,也不是等待着我们去追问的真理,而是一种在现象
世界中不断发生的本现。这个本现不断地发生,正如海德格
尔所说:"这里体验和追问的在根本上就是本现的进一步发生
(这个问题也隐藏在主导性问题之下),即本现的敞开。"①

(3)由于事件的沉没或居于其下成为基础,事件或存在的
本现并不在我们的追问之中,用更为通俗的说法来说,事件因
为居于其下而奠基,成为所有存在物和此在的尺度,也成为言
说所有事物的可能性的基础。在这里,事件或存在本现的奠
基,实际上类似于斯多葛学派的"可说之物"(lekton),有了这
个可说之物,其他事物和存在物才能为它所度量,为我们所感
知或言说。这样一来,会产生一个有趣的问题,这个本现让对
事物的言说和判断、感知和领会成为可能,但是唯有一个例
外,那就是这个沉没的居于其下的奠基物本身。它充当了尺
度,但是它本身却无法被言说,正如一个尺子无法去测量自身
一样。事件的发生,并不在我们言说的尺度范围之中,它的发
生是非认识、非语言的,正如阿甘本所强调的:"可说之物永远
不会在语言之前或之后被给定:它与语言同时兴起,然而,它
却不能还原为语言。"②用海德格尔自己的话来说,我们没有
"任何尺度来衡量"事件,由于事件的奠基所产生的(或者说事

① Martin Heidegger, Gesamtausgae Band 65. *Beiträge Zur Philosophie*. Frankfurt: Vittori Klostermann, 1989, p.76.
② 阿甘本:《什么是哲学?》,蓝江译,上海社会科学院出版社,2019,第64页。

件占据的)复杂关系,我们也没有办法计算出事件的全貌。

简言之,事件就是各种不确定因素汇聚,并产生特定的奠基性后果。事件不是可以用概念或观念来形容的事物,我们不能将事件还原为争夺美女海伦的战斗,也不能将其还原为一次家族斗争引起的血战。事件本身的特点是奠定了我们所居留的世界的格局,但我们不能用现有的词语和概念去形容它。正如马克思在《路易·波拿巴的雾月十八日》中谈到二月革命的事件时强调指出:"19世纪的社会革命不能从过去,而只能从未来汲取自己的诗情。它在破除一切对过去的迷信之前,是不能开始实现自己的任务的。从前的革命需要回忆过去的世界历史事件,为的是向自己隐瞒自己的内容。19世纪的革命一定要让死人去埋葬他们的死人,为的是自己能弄清自己的内容。从前是辞藻胜于内容,现在是内容胜于辞藻。"①显然,马克思也意识到,真正对事件的理解,并不在于用某种既有的概念和观念去形容它,因为一旦将事件的发生,还原为某种过去的辞藻,就意味着这种辞藻会掩盖事件的真实内容。那么,在马克思看来,真正的19世纪的革命和事件的价值正是在于,它作为一种本现为世界奠基,通过这种新的奠基,让一切旧的辞藻都被事件埋葬。这就是马克思所说的"让死人去埋葬他们的死人"的道理。然后,在事件的基础上,我

---

① 《马克思恩格斯选集》第一卷,人民出版社,2012,第671页。

们需要创造一个新世界,在这个新世界中,许多新的内容涌现而出,这种 19 世纪的革命在事件的奠基中,呈现出内容的丰富性,这些丰富的内容已经不能用旧的辞藻去描述。而在此前,没有什么新的内容,那些经常会认为自己发现了"具有世界历史意义"的事件的圣布鲁诺和圣麦克斯,实际上不过是用华丽的辞藻来掩盖现实世界中的事件的贫乏。而在 1848 年的欧洲,在《共产党宣言》之后,革命的怒火已经燃遍了大半个欧洲,旧的统治阶级(无论是贵族、基督教士还是资产阶级新贵)已经在这种事件的烈火面前哑然失语,他们只能用最残酷的手段去镇压不断从事件的裂缝中涌现的新内容。

这是一个新的历史的展开,即马克思所说的"从前是辞藻胜于内容,现在是内容胜于辞藻"。的确,事件的奠基产生了新的内容,也必须产生新的辞藻。因为事件本身才是衡量一切的尺度,在事件之外,无论旧的统治阶级如何用绝妙的辞藻(无论是"绝对精神""唯一者""自我意识"还是"意向性"这样华丽的词语)来消化事件,都只能证明他们仍然在事件之外。必须发明新的词句,如马克思、恩格斯在《共产党宣言》中发明的"无产阶级",就是新的词语。在 1848 年革命的基础上,无产阶级用自己的身体和斗争证明了自己的在场,也让自己呈现在历史的舞台上,让历史成为真正的世界历史。因此,海德格尔才十分明确地指出:"唯有我们直接跳过了'历史的言说',历史才能生成为历史。"①

三、世界历史事件:莱比锡宗教会议抑或走锭精纺机?

现在,我们可以返回来读一下马克思在《德意志意识形态》开篇谈到的事件。马克思所说的"有意义的事件"是绝对精神瓦解的过程,当然,这里影射的是黑格尔的哲学。在黑格尔之后,出现了老年黑格尔派和青年黑格尔派的分类。老年黑格尔派固守着黑格尔的僵死的逻辑体系,并将之视为亘古不变的真理,从而对普鲁士的国家学说进行合理的论证。而青年黑格尔派秉承的是黑格尔内核中激进的批判和扬弃的精神,对宗教、国家以及一切被视为普遍的东西都加以无情的批判。但是,他们的批判仅仅是用一种新观念代替旧观念,无论是"实体"还是"自我意识",无论是"类本质""唯一者"还是"真正的人",黑格尔之后的德国哲学呈现出一幅群雄逐鹿、"尸横遍野"的景象。每一种新观念的传播者都将自己的观念奉为圭臬,将它们当作可以带来世界历史性变革的法宝,他们总是宣告,"德国在最近几年里经历了一次空前的变革"。从施特劳斯开始的对黑格尔绝对精神的解构,实际上总是被新观念的传播者们和哲学家们宣告为"席卷一切'过去的力量'

---

① Martin Heidegger, Gesamtausgae Band 65. *Beiträge Zur Philosophie*. Frankfurt: Vittori Klostermann, 1989, p.10.

的世界性骚动"。换言之,这些传播新观念的勇士认为,德国的翻天覆地的变革就是在这些新观念中形成的,他们或者用"实体"干掉"自我意识",或者用"真正的人"来抵制人的"类本质"。每一次宣告之后,他们都仿佛面临着一次伟大的变革,至少可以说是德意志的变革。那么可以说,马克思几乎是用反讽的口吻来谈论这场声音嘈杂,但却什么也没有真正地发生的历史事件。马克思一语道破:"据说这一切都是在纯粹的思想领域中发生的。"①

其实,马克思在《德意志意识形态》开头提到的事件,还有一个更具体的所指,这就是在《维干德季刊》1845 年第 3 卷上发生的一次大辩论。这场辩论发生在青年黑格尔派的旗帜性人物布鲁诺·鲍威尔和最新的挑战者麦克斯·施蒂纳与费尔巴哈、马克思、恩格斯和赫斯之间。马克思显然是以一种戏谑的方式来看待这场论战的,他将这场论战称为"莱比锡宗教会议",意思十分明确:这不是一场论战,而是一场宗教审判。在莱比锡出版的《维干德季刊》1845 年第 3 卷就是一份不折不扣的迫害思想异端的宗教审判文件。而在这场审判中,冲在最前面的是大主教圣布鲁诺,以及刚刚出版了一本"圣书"(《唯一者及其所有物》)的施蒂纳,马克思、恩格斯反讽地称他为"圣麦克斯"。他们在《维干德季刊》上充当着黑格尔哲学(或

---

① 《马克思恩格斯选集》第一卷,人民出版社,2012,第 142 页。

者说黑格尔神学)的骑士团长，"这两位神圣的宗教裁判所的
骑士团长传异教徒费尔巴哈出庭受审，严厉控告他是诺斯替
教派"①。

　　事实上，读过《德意志意识形态》的人都十分了解，《莱比
锡宗教会议》这一章节占据了全书三分之二以上的篇幅，大约
是《费尔巴哈》章的 6 倍。仅仅从版面来说，《莱比锡宗教会
议》无疑是《德意志意识形态》一书的主要部分。或许，在撰写
这部著作之前，马克思和恩格斯最主要的目的就是批判《维干
德季刊》上鲍威尔和施蒂纳等人对费尔巴哈学说的攻击。不
过，在鲍威尔和施蒂纳之间，《莱比锡宗教会议》的批判更多指
向后者，因为后者撰写"圣书"，这是一本"真正的书、纯粹的
书，即十全十美的书、神圣的书；这本书是一种神圣的东西，是
圣物，是天书——这本书就是《唯一者及其所有物》。大家知
道，这本'圣书'于 1844 年底从天上下凡，在莱比锡的奥托·
维干德那里堕入尘缘"②。那么，显然，对施蒂纳的"圣书"的
批判就成为《德意志意识形态》最主要的目的。③

────────────

① 《马克思恩格斯全集》(中文第一版)第三卷，人民出版社，1960，第 89 页。
② 《马克思恩格斯全集》(中文第一版)第三卷，人民出版社，1960，第 116 页。
③ 尽管我们对《德意志意识形态》的理解是，马克思在这个时期彻底地批判了费尔巴
　哈的感性唯物主义和形而上学，并在此基础上建立了新的唯物史观；但是，《德意
　志意识形态》的写作目的以及书名标题都指向了《维干德季刊》上鲍威尔和施蒂纳
　的言论。我们或许可以说，正是在对施蒂纳的"圣书"《唯一者及其所有物》的批判
　中，马克思也发现了费尔巴哈的问题，从而将时间上靠后的《费尔巴哈》一章提到
　前面来，作为他全书的主导线索。相反，原先批判鲍威尔和施蒂纳的部分成为全
　书的次要部分，尽管这个部分占有极大的篇幅。

显然,在莱比锡的《维干德季刊》上发言的施蒂纳的野心十分大,正如他在《唯一者及其所有物》中提出:"思想,一种可怕的力量,如同热病时的梦幻缠绕着我和震撼着我。思想对自身来说变成了有形体的东西,即精灵,如神、皇帝、教皇、祖国等。如若我摧毁了思想的形体性,那么我就将思想收回到我自身中来并宣称:只有我是有形体的。于是我将世界作为我认为的那种东西、作为我的世界、我的所有物:我将一切归之于我自己。"①而圣麦克斯显然真的陷入了他所谓"热病时的梦幻"的臆想当中,当他发现作为"唯一者"的"我"(Ich)的时候,整个世界历史都会随之改变。他继续说道:"如若我们改变各种关系,而且是彻底地改变它,那么就将使它的偶然性不起作用并产生法律!愿我们不再是事件的奴隶!让我们建立一个结束摇摆的新秩序,愿这一秩序以后就成为神圣的!"②施蒂纳在他的"圣书"中十分郑重地宣告,由于"唯一者"的发现,真正的世界将会降临,这是一个史无前例的事件,一个可以让我们彻底摆脱所有偶然事件的真正的普遍性事件。一旦我们在"唯一者"的精神指引下,奠定了新世界的法律,整个世界的法律都将变成神圣秩序。用更为直接的话来解释,圣麦克斯认为他对"唯一者"的发现是一个"震撼人心"的事件。从此以后,世界的普遍法律成为可能,它终结了一切偶然与混沌,从

① 麦克斯·施蒂纳:《唯一者及其所有物》,金海民译,商务印书馆,2017,第14页。
② 麦克斯·施蒂纳:《唯一者及其所有物》,金海民译,商务印书馆,2017,第130页。

而使世界立足于"唯一者"的精神之上。读到这里，马克思和恩格斯忍不住对这位莱比锡宗教会议的骑士团长兼大教士表示"崇敬"："揭穿这个秘密落在创造者施蒂纳的身上。的确，我们模糊地感觉到，这里发生着某种伟大的、神圣的事件。我们总算没有被骗。唯一的事件真正是闻所未闻、见所未见的事情，它甚至超过了塞万提斯在第20章中所描写的风车之战。"①

显然，马克思和恩格斯对圣布鲁诺和圣麦克斯那种"震撼人心"的事件嗤之以鼻。无论是圣布鲁诺的"无限的自我意识"还是圣麦克斯的"唯一者"，都不能真正地撼动世界。他们的斗争和批判不过是"言过其实的重大历史事件"。马克思看到了这种"震撼人心"的事件都没有超出莱比锡的范围，而将"自我意识""类本质""唯一者""真正的人"抬高到世界历史性的事件的高度显然是言过其实了。因为真正的历史事件，不可能在《维干德季刊》上的莱比锡宗教会议中找到，那么就只有患上了"热病"的病人的自恋式幻象，而没有真正的历史变革。马克思批判说："世界舞台局限于莱比锡的书市，局限于'批判''人'和'唯一者'的相互争吵。"②

现在的问题是，如果莱比锡宗教会议的骑士团长和教士无法用他们的"唯一者"和"真正的人"来实现具有世界历史

① 《马克思恩格斯全集》（中文第一版）第三卷，人民出版社，1960，第304页。
② 《马克思恩格斯选集》第一卷，人民出版社，2012，第175页。

意义的事件,那么,在马克思那里,究竟是什么产生了历史事件? 为了探索这个问题,我们需要重新回到《费尔巴哈》的部分,在这个部分中,马克思给出了十分精准的回答:

> 只有在现实的世界中并使用现实的手段才能实现真正的解放;没有蒸汽机和珍妮走锭精纺机就不能消灭奴隶制;没有改良的农业就不能消灭农奴制;当人们还不能使自己的吃喝住穿在质和量方面得到充分保证的时候,人们就根本不能获得解放。"解放"是一种历史活动,不是思想活动,"解放"是由历史的关系,是由工业状况、商业状况、农业状况、交往状况促成的……①

马克思对圣布鲁诺和圣麦克斯的批判是十分明确的,因为莱比锡宗教会议的两位骑士团长,只知道"震撼世界"的词语的革命,永远看不到当时的世界发生了什么。也正是因为骑士团长的具有"世界历史意义"的词句离世界太远,他们可以用来"改变世界"的著作,在出版几年之后就迅速地被人遗忘。于是,马克思得出结论说,真正的世界历史意义的变革不可能在华丽的辞藻中实现,而是在现实的世界中实现。这样,蒸汽机和走锭精纺机便成为马克思对抗莱比锡宗教会议的最

---

① 《马克思恩格斯选集》第一卷,人民出版社,2012,第154页。

强大的武器。

或许有人会有疑问,马克思是否仅仅用蒸汽机和走锭精纺机替代了圣麦克斯的"唯一者"和圣布鲁诺的"无限的自我意识"?或者更直接地说,蒸汽机和走锭精纺机是否仅仅代表着那个时代的技术革新?那么是否可以认为,马克思将世界历史的事件变成了技术的变革,即马克思和当时的资产阶级的工业党人一样,认为技术成为支配世界的力量?而他在《德意志意识形态》中用来反对莱比锡宗教会议骑士团的武器是不是一种技术决定论?显然,马克思不是工业党人,也不是技术决定论者。那么,该如何理解马克思在反对两位骑士团长时使用的蒸汽机和走锭精纺机的例子呢?

首先,我们认为,马克思这里使用的蒸汽机和走锭精纺机并不是实指,而是一种提喻(synecdoche),类似于当我说饿了想吃面包时,面包指代所有的食物。马克思在著作中多次提到了走锭精纺机,例如在《1857—1858 年经济学手稿》《1861—1863 年经济学手稿》中。而且,在《德意志意识形态》之前,恩格斯在《英国工人阶级状况》中也提到了走锭精纺机带来的变革,恩格斯谈道:

> 有些资本家开始把珍妮纺纱机安装在大建筑物里面,并且用水力来发动;这就使他们有可能减少工人数量,并且把自己的纱卖得比仅仅用手摇动机器的个体纺

工便宜。由于珍妮纺纱机不断改进,机器随时都会变成过时的,因此必须加以改造或者干脆弃置不用;资本家由于利用水力,即使机器已经过时,也还可以维持下去,而对于个体纺工来说,就难以为继了。如果说这样一来就为工厂制度奠定了基础,那么,由于翼锭纺纱机的出现,工厂制度又获得了进一步的扩展……菲尔伍德(兰开夏郡)的赛米尔·克朗普顿综合了珍妮纺纱机和经线织机的特点,于1785年发明了走锭精纺机。大约在同一时间,阿克莱又发明了梳棉机和粗纺机,于是工厂制度就成为棉纺业中唯一占统治地位的制度了。①

我们不能忽视恩格斯在这段话中描述的走锭精纺机所起到的作用。表面上看,走锭精纺机是一种科技产品,但是一旦放在英国的政治和经济的现实中,我们就会发现,这种走锭精纺机技术,实际上帮助后来的产业资本家打败了工场手工业,让现代工厂制度成为英国的主流,从而也让英国的资本主义制度成形,并扩张到全世界。走锭精纺机仅仅是这个历史时代巨大变革的一种导引。在走锭精纺机发明之后,传统的个体纺工纷纷破产,他们从传统的行会变成了雇佣工人,在生活的迫使下,不得不让自己委身于资本主义的工厂体制。也就

---

① 《马克思恩格斯选集》第一卷,人民出版社,2012,第91—92页。

是说,真正变革的是那个时代的社会关系,尤其是工业和商业的生产关系。这让隶属于土地和封建家族的农民、依赖于传统手工业的工匠都不得不变成新的生产关系下的雇佣工人。约瑟夫·巴尔拉认为,应该从社会关系网络的构成角度来重新审视马克思对蒸汽机和走锭精纺机的关注,他指出:"如果重新从社会关系网络的角度来阅读马克思,那么机器就可以被看成在资本主义条件下将人类规训为雇佣工人的工具。在走锭精纺机出现之前,资本家和雇佣工人之间的劳动关系和等级关系都没有稳定下来。也正因为如此,机器成为一个制导因素,甚至是一个社会关系网络本身,而不是单纯的物体:机器和物质对象(包括人和非人因素)彼此结合在一起,不仅构成了工厂体制,也将前现代的闲散的劳动者组织化为工人阶级。"[1]无论是恩格斯还是约瑟夫·巴尔拉,他们看到的都是走锭精纺机背后所代表的新兴的工厂体制,即当时英国最先进的资本主义生产关系。所以,走锭精纺机不是一种技术,甚至可以说,它不是一种具体的物,而是当时的市民社会的社会关系网络和生产关系的具体体现。

那么,问题就变得十分简单,马克思的事件就是一种从传统社会(以封建家族和土地生产为基础的关系)向现代市民社会的社会关系转变的历史事件,而蒸汽机和走锭精纺机恰恰

---

[1] Josef Barla, *The Techno-Apparatus of Bodily Production: A New Materialist Theory of Technology and the Body*, Bielefeld: Transcript Verlag, 2019, p.29.

是这种转变的集中体现。没有工商业在英国的兰开夏郡和曼彻斯特的扩展，就没有走锭精纺机的出现；没有走锭精纺机，就没有现代纺织工业在曼彻斯特的立足，也没有现代工厂制度的形成，现代工厂制度便无法取代传统行会的手工业生产。这样，我们看到的走锭精纺机，实际上是一整个社会关系，特别是生产关系的变革，而这种变革才是马克思所关注的事件。而在走锭精纺机背后不存在主体的感性直观，也没有唯一者的精神自由，那里只有现代市民社会的政治经济关系，这种关系具体体现为曼彻斯特棉纺工厂里的走锭精纺机。

让我们再回到勃鲁克堡的伊萨尔河畔。在费尔巴哈看到樱桃树，也就是他用他的感性直观去感受世界的实在的地方，马克思却用历史唯物主义的眼光看到了樱桃树背后的社会经济和政治关系。他意识到，只有在巴伐利亚州的工商业发展到一定程度的时候，樱桃树才能出现在伊萨尔河畔。那里有一个事件，事件并不是某位绅士将樱桃树移植到伊萨尔河畔，而是巴伐利亚州的工商业的发展。这里的工商业和社会经济发展不仅与圣麦克斯的"唯一者"无关，也与费尔巴哈的"感性实在"无关，那里只有最现实的力量，而如果要打破这种关系，也只能通过现实的力量来实现。这就是在此后，马克思转向了政治经济学的原因。他相信只有在对欧洲政治经济学的分析中，而不是在德国神学骑士团的震惊世界的词句中，才能找到通向未来社会的道路。

第二章　疾病、事件与治理：福柯论事件

　　尼采的《快乐的科学》是一本康复之书,在经受漫长的病痛折磨之后,他感到久违的身心愉悦,写下了这部饱含激情的著作。他写道:"全书无非是抒发历经长期痛苦和神志不清后康复的愉悦,恢复体力的狂喜,信仰未来之再度苏醒的欢欣,预感未来的快慰。"①然而,我们绝不能将尼采的《快乐的科学》看成对健康状态的颂歌,就在几页之后,尼采笔锋一转,突然谈到了长期以来的疾病对我们的存在和意志的巨大冲击。尼采说:"读者已经猜到,我不愿忘恩负义地同病入膏肓的时期告别,那个时期赐予的恩惠我至今受用不尽。我十分清楚,我在自己那庞大的思想大厦落成之前,已从时好时坏的健康

---

① 尼采:《快乐的科学》,黄明嘉译,漓江出版社,2007,第1页。

中大蒙其益。"①为什么尼采不愿意告别那个病入膏肓的时期,并认为在那个时期,他的思想大受裨益? 这个问题的根本所在,就是在疾病中的尼采意识到,以往的哲学家都是健康状态的哲学家,他们谈的都是健康的哲学。"那么,处于病魔压力下的思想将会产生怎样的结果呢?"②一位哲学家,遭受病魔袭扰时,经受着肉体和精神的双重折磨,他们是否还会像那些身体健康的哲学家一样来思考问题呢? 这或许是尼采坚持认为真正的哲学一定是身体的哲学的原因吧。我们的身体状态、我们意志力的强弱,影响了我们思考世界的状态。是呀,当我们躺在病床上,我们不可能像平常健康时那样,用健全而理性的思想去面对世界和我们周遭的生活,那种另加在一切客体之上的大写主体状态是一种典型的健康主体,他用自己的标尺,裁剪着世间万物,用自己的普洛克路斯忒斯之床,将一切变成自己的知识的产品。然而,一旦我们生病,一旦疼痛和不清醒成为一种支配我们身体的状态,周遭的万物就会以完全不同于健康状况下的理性思考的面貌向生病的哲学家展现出来,那种清醒而理智的思考就会为处于疼痛和苦楚下的思考所代替。我们在生病状态中的身体,是另一种组合世界的样态,一种我们在健康时无法理解,甚至无法看到的状态,昏迷、疼痛、麻痹、药物的刺激等重组着这个世界。这样,我们不得

---

① 尼采:《快乐的科学》,黄明嘉译,漓江出版社,2007,第3—4页。
② 尼采:《快乐的科学》,黄明嘉译,漓江出版社,2007,第2页。

不面对一个全新的情状。也正是在这个意义上,我们需要将疾病视为一个事件,一个相对于健康而理性的思考下的世界的事件。因为囚禁在肉身之中的意志,不再是那个跌宕不羁的灵魂,而是在一种别样的状态下去面对这个世界,也面对我们自己的肉身存在。那种曾经支配着我们思考的正常状态的机制一下子在疾病状态中停滞了,让位于我们身体里更深层的生命机能,让位于一种在病态孱弱的躯体下的感知,这或许是尼采将自己的痊愈之书描述为"快乐的科学"的原因吧!也正是因为疾病成为事件,康吉莱姆、福柯等思想家不得不将疾病问题纳入哲学思考中,疾病状态(作为事件)也成为当代思想家绕不过去的一个问题。

一、作为事件的病态

1958年,在瑞典乌普萨拉大学主修科学史的米歇尔·福柯,以《疯癫与非理智:古典时期的疯癫史》为博士论文,准备在科学史权威林德罗特教授的指导下完成答辩。但是林德罗特并没有对福柯的论文给出太多正面的评价,于是,福柯只能悻悻地回到巴黎。不过,在当时的巴黎高师校长让·伊波利特的推荐下,福柯选择了巴黎高师哲学系主任,也就是法国科学史研究的权威康吉莱姆作为其博士论文的指导老师。与在瑞典乌普萨拉大学的遭遇不一样,康吉莱姆欣然接受了这一任务,并对福柯的论文给出了很多建设性的意见。当然,福柯之所以选择康吉莱姆作为自己的导师,并不完全是因为校长伊波利特的推荐,还因为在当时,他已经读到了康吉莱姆在1943年完成的博士论文《正常与病态》,并认为康吉莱姆在《正常与病态》中展现出来的对生命的认识,以及康吉莱姆对生理学和病理学的思考,与其进行的研究计划不谋而合。也就是说,康吉莱姆对于福柯的影响,不仅仅在于博士论文指导上的私人恩情,也在于福柯在科学思想史上与康吉莱姆的承袭关系。这一点,可以从1978年福柯专门为康吉莱姆《正常与病态》一书撰写的英文版序言中端详一二。他认为自己的思考,尤其是对于疯癫的谱系学的思考,直接受惠于康吉莱姆的《正常与病态》一书,而这种"非连续性"的谱系学也帮助福柯在《词与物》和《知识考古学》中进行研究方法的革新。除此之外,福柯还专门点到了康吉莱姆一个独特的贡献:

> 康吉莱姆想要通过阐述与生命有关的知识以及表达这种知识的概念,重新发现它们当中那些属于生命的概念。它是一种信息模式,通过这种信息模式,所有的生命体都依赖于环境,也建构着他的环境。人生活在一个观念构造的环境中,这并不能证明他已经背弃了生命,或者成为让他与生命分离出来的一场历史戏剧。正如人以某种方式生活着,从而与环境形成某种关系。这样,他不会

以某个固定的观点来看待生命,他能够走向一个未知的领域,接收到不同的信息。为了能让事物变得有用,他必须将他们彼此关联起来。形成概念是创造生命的方式,而不是扼杀生命的方式,这完全是一种动态的而非凝固不动的方式。①

通过福柯关于康吉莱姆的这段评价,我们可以得知,康吉莱姆在认识论上形成了一种独特的关于生命的认识。康吉莱姆从一开始就不是将生命体看作一个僵死的研究对象。在这一点上,可以说康吉莱姆继承了柏格森的生命论(vitalisme)的衣钵,将生命看成一种永恒地变化着、不断在生成的东西,而不是被大写的知识和理性之光穿透的冰冷的物。所谓对生命的认识,在康吉莱姆看来,完全不能以笛卡尔的主客体二分的方式来进行。因为生命完全不同于物理学、化学等现代科学知识的对象。对于那些对象的认识,保持着一定的恒定性。而生命作为对象,则保持了一定的生机(vital),这种生机不能从周遭的环境中孤立出来,这也解释了为什么福柯强调康吉莱姆的生命的认识事实上在于与周遭环境的衔接和关联。

也正是因为生命不是僵死的,它保持着不断生成的鲜活的生机,所以,我们不能从一个固定的视角来审视生命。这

---

① Paul Rabinow & Nikolas Rose eds., *The Essential Foucault*, New York: The New Press, 2003, pp.14–15.

样,福柯触及了康吉莱姆生命认识论的另一个至关重要的侧面,即一旦我们不在固定和僵死的概念框架下来理解生命,生命就不会向我们呈现出一种固定的状态。正如我们时而精神饱满,时而精疲力竭,时而欢欣鼓舞,时而悲观沮丧。在每一种生命状态下,我们都走向了福柯所谈到的"未知的领域",接收到"不同的信息"(比如我在精神饱满时看到的世界显然与我感到悲观沮丧时所感受到的世界是不同的)。也就是说,我们生命的每一次生成和变化,都意味着生命面对不同的环境和世界,意味着我们每一次都需要在新的层面上用知识和概念来重新建构对生命的认识,从而把握生命。这意味着生命和知识是一种彼此共生的结构,用康吉莱姆的话来说:"'生命的认识'(la connaissance de la vie)包含着双重意义,一方面它是我们拥有的对生命的认识,我们将生命当成对象;另一方面,这也是生命本身所生产出来的认识。"[1]这样,在康吉莱姆的认识论中,既不存在一种先验的概念架构,可以将任何生命的对象纳入这个概念架构之下,也不存在不能为认识所把握的生命。生命和认识处在一种相辅相成的共生关系之中,知识和概念成为我们把握生命的工具,同时,生命本身通过自己的绵延和生成,也生产出与之对应的生命的认识。

在这种生命和认识共生的认识论框架下,康吉莱姆建构

---

[1] Georges Canguilhem, *Knowledge of Life*, trans. Stefanos Geroulanos & Daniela Ginsburg, New York: Fordham University Press, 2008, p.ix.

了他对于正常和病态的理解。在康吉莱姆之前,孔德建立了
对人体的生理结构进行研究的生理学,而克劳德·贝尔纳
(Claude Bernard)建立了以实验为基础的病理学。不过,贝尔
纳通过将生理和病理现象还原为数值关系,发现表现正常状
态的生理学和表现病态的病理学实际上是一回事,它们的差
别仅仅是在一种线性数值上的量的关系。以糖尿病为例,在
临床医学上,一旦某人的空腹血糖值超过了 7.0mmol/L,他就
可以被诊断为糖尿病。但是现实中可能会出现这样的状况:
有些人实际上空腹血糖值已经超过了 7.0mmol/L,但并没有任
何显著的糖尿病症状;相反,另一些人的血糖值没有达到这个
临界值,但是他们已经出现了明显的视力下降、乏力等症状。
究其原因,恰恰在于现代医学对糖尿病标准的划定基于一种
平均的标准值,这种以平均标准作为评判正常与病态的标准
的病理学必然会遇到这样的问题,即"正常与病态之间的分界
线,对于同时被考虑的几个人来说是不确定的"①。而这种不
确定的原因,恰恰在于不同个体实际上面对不同的生活环境,
他们的生理机能与环境有着千丝万缕的关系。这也是某些个
体实际上超越了医学上的病态指标,但并不具有症状,也不能
纯粹被界定为病态的原因。在这个意义上,康吉莱姆重新界
定了正常和病态,从而与孔德和贝尔纳的生理学和病理学保

---

① 康吉莱姆:《正常与病态》,李春译,西北大学出版社,2015,第 133 页。

持了距离。

康吉莱姆对于正常或健康的定义是:"健康就是对环境变化的承受的极限。"①值得注意的是,康吉莱姆对"健康"概念的重新定义,改变了之前贝尔纳纯粹从检测的数值来判断健康与否、是正常还是病态的标准。由于这个变化,健康成为生命体与自己的周遭环境之间的对应关系,也就是说,环境的变化以及生命体本身的变化之间的适应关系构成了健康的基本条件。康吉莱姆用截肢的例子来说明这个定义的重要性,即失去一个手臂的人,从其他人的角度来看,很难说他是健康的,因为他在生理特征上与其他人差异巨大。但是,从这个生命体本身来说,尽管在最开始的时候,被截肢的主体无法适应自己周围的环境,但经过一段时间的调适,他能够与自己周围的环境构成一种适应关系,在这个意义上,被截肢的个体仍然是异常的(anomalie),但绝不是病态的。也正是在这个意义上,康吉莱姆说出了他的名言:"多样性并非疾病;异常的并非病态。"②

这样,康吉莱姆形成了一种独特的"病态"概念,从而将他与一般意义上的病理学家区别开来。如果说正常或健康状况是对环境变化容忍的极限,那么病态就是对这种极限的超越。在超越了极限状态的情况下,生命体与周遭环境之间的适应

---

① Georges Canguilhem, *Le normal et le pathologique*, Paris: PUF, 1972, p.130.
② 康吉莱姆:《正常与病态》,李春译,西北大学出版社,2015,第 96 页。

和和谐的关系被打破,生命体面对着一种它无法在正常状态下调适的状态,用康吉莱姆的话说:"病态现象是这一事实的表现,即机体和环境的正常关系,经过机体的改变,而被改变了。"①在正常状态下,身体的生理变化是机制性的(mechanisme),生命体的各种机能按照功能性的分配来面对环境的各种变化,如细菌侵入之后身体的白细胞增多,杀死细菌重新让机体保持适应与平衡。但是,病态则打破了这种平衡,让生命体面对一种全新的、无法简单按照日常程序性的机制来维持的状态。也正是在这里,康吉莱姆赋予了疾病在生理学和病理学之外的人文含义,即那种在正常状态下沉寂的生命力在病态下被激活了,被赋予了积极的含义。康吉莱姆说:"疾病是生物身上的一种积极的、创造性的经验,而不仅仅是一种减少或者增加的现象。病态的内容,除了形式的不同,是不可以从健康的内容中推导出来的。疾病,并非健康维度上的变化;它是一种新的生命维度。"②

也只有读到这里,我们才能彻底明白康吉莱姆的《正常与病态》所蕴含的野心。他所遵循的根本不是一种常规意义上或者科学意义上的病理学,而是一种披着科学史外衣的生命论。病态不再是消极和灰色的,相反,对于康吉莱姆来说,病态是积极的,它唤醒了在正常状态下沉睡的生命,让我们身体

---

① 康吉莱姆:《正常与病态》,李春译,西北大学出版社,2015,第136页。
② 康吉莱姆:《正常与病态》,李春译,西北大学出版社,2015,第137页。

中那种强大的生命力在面对病态时被激活。也正是在这个意义上,我们才能理解尼采在疾病中感到的快乐,那种不同于正常机能性状态下的生命力被激活,构成了一种新的生命层次,它创造了新的生命,与健康状态是不连贯的(discontinunité)。所以,对康吉莱姆来说,病态并非消极的,也不是正常的对立面,而是一个事件,一个与正常状态断裂开来的事件。事件意味着我们面对着一个不确定的环境,让生命力在一个全新而陌生的层面上展开,从而实现生命的创造性进化。康吉莱姆十分自信地说道:"疾病不仅仅是某种生理秩序的消失,还是某种新的生命秩序的出现……并不存在什么失调,存在的只是另一种秩序对人们所期望的或者所钟爱的秩序的替代。对于这另一种秩序,人们要么改变它,要么忍受它。"①

二、隔离与规训:现代主体的诞生

康吉莱姆的生命的认识带来的另一个结论是,生命和知识之间的互相作用、相辅相成的关系,在现实中导致了有什么样的知识或认识,就会有什么样的生命。生命的生成并非无拘无束的,同理,与生命相关的认识也不是一成不变的,它们相互塑造着对方,并形成了生命的认识这样一种特殊的现代

① 康吉莱姆:《正常与病态》,李春译,西北大学出版社,2015,第144页。

形式。对于一般人来说,我们的生活方式与文化制度之间的共生关系并不难理解,即有什么样的制度,就会有什么样的生活方式或意识形态。但是,在惯常的理解中,政治体制和知识形式对人的影响,仅仅停留在思想意识、行为、心理等层面上,不会对生理层面造成影响。这是自柏拉图以来的身心二元论造成的,我们认为身体当归身体、心灵当归心灵时,实际上将人类的生命体人为地划分为两个互不干涉的区域。一个是纯生理层面的区域,亚里士多德在《灵魂论》中就十分明确地将这一层次的生命定义为"所谓生命(ζωήν),我们指说自行进食(营养)与生长与衰死的功能"[1]。与之相对,人还存在另一种生命,即 bios(βίος),这是一种与动物性和植物性生命相区别的生命形式,在《尼各马可伦理学》中,亚里士多德提出:"生命(βίος)是一个实践活动。"[2]这种实现自己生命的活动,让人类与纯粹生物性的生命(ζωήν)区别开来,代表着人类参与社会和政治活动的形式,也是一种在人类城邦中可塑的生命形式。这样,自柏拉图和亚里士多德以降,人们在生物性生命和社会性或政治性生命之间划开一道鸿沟,两者之间不能轻易僭越。与之对应,人类的政治体制和教育,仅仅作用于"实践活动"的部分。这也是长期以来政治教育的一个宗旨:用政治教育来塑造人的灵魂,给予人心灵的启迪,而不是作用于

① 亚里士多德:《灵魂论及其他》,吴寿彭译,商务印书馆,2011,第85页。
② 亚里士多德:《尼各马可伦理学》,廖申白译注,商务印书馆,2017,第326页。

身体。

　　这样,康吉莱姆的《正常与病态》的另一个贡献,就在于打破了这个鸿沟。也就是说,康吉莱姆坚持认为,我们在给出不同的生活形式和体制的时候,实际上也塑造了人的生理性生命:"人类在创造不同种类的生活的同时,也创造了生理行为。"①为此,康吉莱姆特意以中国人与西方人的生活方式的区别导致的中国人与西方人在排尿量上的差异为例来说明这一点。

　　　　中国 18—25 岁的青少年的平均排尿量为每分钟0.5 cm^3,并大约有 0.2—0.7cm^3 的波动,然而,同年龄段的欧洲人为 1cm^3,并有 0.8—1.5cm^3 的波动。波拉克从中国文明中地理和历史影响的混合的角度,来解释了这一生理现象。据他说,这种混合影响中有两项是基本的:食物的性质(茶、米饭、鲜嫩蔬菜)以及祖传经验决定的营养节奏——这种活动模式在中国比在欧洲明显。它尊重神经-肌肉活动的阶段性发展。西方人久坐的习惯对液体的流速会产生危害性的影响。这种障碍在中国并不存在。在中国,人们保留着"在自我与自然融为一体的强烈愿望中"悠闲度日的情趣。②

---

① 康吉莱姆:《正常与病态》,李春译,西北大学出版社,2015,第 128 页。
② 康吉莱姆:《正常与病态》,李春译,西北大学出版社,2015,第 121 页。

尽管在这段话中,康吉莱姆对于中国生活方式的理解存在一定刻板印象,但是他的结论是,人的生理性身体在生活方式和体制下是可塑的,也就是说,人可以通过一定的政治体制和生活方式,来塑造出具有一定标准(或规范)的生理性身体。我们可以猜想,或许正是康吉莱姆的这个结论,在一定程度上启发了福柯,让他重新思考现代主体是如何在现代制度下生产出来的。

那么,从这个角度出发,我们或许可以这样来重新看待福柯的博士论文:福柯或许根本无意重构一个从古典时代到今天的关于疯癫的科学认识的体系(这正是福柯与严格的科学史家林德罗特分道扬镳的地方),而是思考现代制度对于理性和疯癫的划分,是怎样一步步地塑造出适宜于现代社会制度治理的现代主体的。疯癫不是一种病理学现象,也不是一种医学知识和生命认识意义上的异常,而是一种现代理性启蒙的产物,它需要将疯癫感知为一种异常,从而与正常的社会状态区别开来。福柯说:"现在问题仅在于,如何找出一个可以感知的简单事件(événement),而且它要能以最立即的方式造成病症。因此,疯狂的近因便应该是最接近灵魂的器官的病变,这个器官便是神经系统,甚至最好就是脑子本身。"[1]福柯的说法最有意思的地方是,并不是因为我们首先关注了大脑

---

[1] 福柯:《古典时代疯狂史》,林志明译,生活·读书·新知三联书店,2005,第318页。

和神经系统的疾病,我们才发明了"疯癫症"的概念;相反,我们首先建立了与理智相对立的疯癫概念,将疯癫建构为对立于理性的事件,然后去寻找疯癫的生理性证据,即神经系统和大脑的损伤。这种做法恰恰与现代科学发展史相悖,因为科学总是在一定的实验基础上去建构概念,来理解在现实中出现的特定生理现象。于是,我们可以理解,现代对疯癫症的发明,并不是出于纯粹医学和生理学的目的,而是从一开始就出于政治和社会目的,即排斥一种不可能治理的范围,将这种范围界定为疯癫。

疯癫者成为一种不可能治理的主体,与那些具有理智且适宜治理的主体相区别。最终,对于这些不适宜治理的主体,现代社会的具体做法是建立起精神病院(疗养院),从而将他们隔离起来,让他们的存在不至于危害正常社会的运作和治理。福柯说:"一方面是对疯人简单纯粹的排离,另一方面又把他们当作病人看待,给予医疗。之所以有必要监禁疯人,基本上是要预防社会受其所害。"①在这里,我们可以将福柯关于疯癫的结论和康吉莱姆关于病态是一种新的生命维度的界定结合起来,因为疾病是一种对正常状态的超越,也构成了一个例外的事件。而尼采在《快乐的科学》中提出的"康复的愉悦,恢复体力的狂喜,信仰未来之再度苏醒的欢欣,预感未来的快

---

① 福柯:《古典时代疯狂史》,林志明译,生活·读书·新知三联书店,2005,第610页。

慰"正是对于作为事件的病态的排除。在福柯这里，疯癫既然被视为一种病态，那么疯癫也是相对于理性状态的例外事件，而且是一种"可以感知的简单事件"，于是，为了保持理智的健康状态，在生理上就要排除这种例外事件。不过，与康吉莱姆不同的是，福柯从一开始就将疯癫放在社会和政治治理层面，而不是放在个体的健康层面上来思考。也就是说，福柯对从康吉莱姆那里引申出来的作为事件的病态，做了一个巧妙的替换。康吉莱姆的病态是从个体生命体与周遭环境的关系来思考的，于是康吉莱姆以存在主义的方式提出了病态是一种新的生命维度。福柯一开始就抛弃了这种存在主义维度，而转向了社会性的结构主义，他所思考的正常和病态并非个体机体的正常和病态，而是社会整体和结构上的正常和病态。于是，为了保持整个社会的正常性和规范性，从治理角度来看，必须将不确定和不可预测的事件同正常和规范的世界隔离开来，在这个意义上，对疯癫和疾病患者的隔离，就是一种排除事件（undoing event）的治理技术。故而福柯谈道："这是一个将疯癫分离出来的真空，它惩治疯癫，宣布后者是不可救药的和不可理喻的。"①将作为事件的疯癫排除，保持了社会整体的常态性和规范性，从而保证了利维坦国家的治理技术在疯癫被排除之后的社会中畅行无阻。

---

① 福柯：《疯癫与文明》，刘北成、杨远婴译，生活·读书·新知三联书店，1999，第212页。

　　然而,福柯所关心的问题不仅仅是隔离,即将不确定的疯癫和病态同正常和常规的社会整体分离开来的范式,还有一种仅仅在现代才产生的范式,如何从一个多变而不定的生命体变成一个现代主体。福柯将《疯癫与文明》的最后一章命名为《精神病院的诞生》,其意义不仅仅是去探索现代精神病学的发展历程,还是看到一种体制在实现了正常和病态、理性和疯癫的区别之后,如何演变为一种特殊的场所。福柯讲道,由于18世纪人道主义的发展,在休养院和精神病院中,医生会以更为人道的方式对待这些被正常社会区隔开来的"残余物":

　　　　在休养院里,对肉体进行部分的强制是整个系统的一部分。该系统的基本要素是建立一种"自我克制"。在自我克制时,病人的自由不仅受工作和他人观察的约束,而且不断地因承认有罪而受到威胁。必须承认,病人不是屈从于那种单纯否定的运作,而是被控制在一种肯定的运作中。前者只是解开束缚,将病人的深层本性从疯癫中解救出来,而后者则用一个奖惩系统来禁锢疯癫,把它包容在道德意识的活动中。这样就从一个谴责世界过渡到一个审判世界。①

----

① 福柯:《疯癫与文明》,刘北成、杨远婴译,生活·读书·新知三联书店,1999,第231—232页。

　　这种在休养院里对精神病人的"自我克制"的管理技术,在晚期的福柯那里变成了一种自我忏悔的自我技术。福柯深刻地意识到,这与其说是外在的约束,不如说是一种自我技术。它实现了从前现代生命体向现代主体的转变,尽管在这个转变中对身体的强制性的约束和鞭笞是必不可少的。在1980年的一次演讲中,福柯谈道:休养院中对疯癫者的自我罪名化,实际是中世纪的自我忏悔的延伸,这种忏悔的根本目的就是生产出一个臣服于礼拜仪式的主体。福柯说:"表现真相就是由告解人以戏剧化方式表达其罪人状态,并且是在公共场合表达。在后者,就是述说自己,这是以言语分析性地、持续地表达思想,并且是在对精神之父的意志的完全服从关系之中进行。"①那么正是这种自我技术让精神病人将自己表达为罪人,让那个不受约束的自我消失,让位于一种新的自我。在福柯看来,这是一种新的自我技术,从内部掏空了疯癫生命体的活力,用一种被自我解释学的话语锻造出来的自我形式来重塑主体。"如你们所看到的,出现了一种新型自我,或者至少出现了一种新型自我关系。"②这种主体就是为现代理智和疯癫的区分所生产出来的主体。在这种将疯癫罪名化的形式下,让疯癫者自我忏悔和解释,从而让那个恣意妄为的疯癫

① 福柯:《自我解释学的起源:福柯1980年在达特茅斯学院的演讲》,潘培庆译,西南师范大学出版社,2018,第59页。
② 福柯:《自我解释学的起源:福柯1980年在达特茅斯学院的演讲》,潘培庆译,西南师范大学出版社,2018,第60页。

生命体被弃绝,使其变成了规训体制下被治理的主体。这就是《飞越疯人院》中被切割了额叶的麦克·墨菲,他从疯癫生命体变成了被规训的现代主体。

　　这就是福柯意义上的启蒙!如果说康德的启蒙代表着现代理性社会的狂飙猛进的明亮面,那么福柯就是给出了启蒙的黑暗面。启蒙是规训,是自我忏悔,是自我切除了额叶,它也意味着,现代治理技术的核心,在于将所有的不确定因素都还原为可以在治理体制下被规训和管理的主体。也就是说,现代主体是一步步被现代精神病院体制、临床医学体制、监狱体制、学校体制、雇佣劳动体制生产出来的主体。启蒙不再纯粹意味着理性之光照亮黑暗的大地,在福柯的黑暗面,这是一种自我技术,在现代精神病院的医护、临床医学的医生、边沁的圆形监狱的看守的目光注视下,所有的生命体都被规训,被切除额叶,成为规范和顺从的现代主体。这个现代主体还披着大写理性的外衣,他们通过自我解释学,以为自己是走出柏拉图洞穴的人。这就是现代启蒙的奥秘,当精神病院和监狱将放荡不羁的生命体一个个规训为主体的时候,一切可能的事件都被排除了。因为真正的事件只在病态中存在,只在疯癫中存在;生命体被规训,成为现代主体,则意味着现代治理技术在本质上就是排除事件的技术。

三、征兆、人口与数据:生命政治的历程

这样,无论是对于古典社会的自我克制的管理技术,还是现代社会中的精神病院、临床医学、全景敞视监狱,其主要目的都是通过一种强制性的规训手段,让主体进行自我克制和罪名化,最终创造一种可以被现代社会体制治理的主体形式。从根本上说,无论是进行自我解释和忏悔的自我技术,还是现代的生命政治,其技术的核心都在于尽可能将零散的、多样的世界中的诸多因素,通过言说的话语体系和认识的知识体系,将不确定的生命和元素还原为话语和知识中的既定形式,从而在这个既定形式下进行治理。在话语形式和政治治理形式下,所有偶发性的事件都被还原为形式框架下的要素,成为可以被话语和知识解释的对象,原始的不可化约的诸多要素,那些完全无法被人类知识和话语占有的生命体(les vivants),在现代科学体系和话语体系(在《词与物》中,福柯分别对应了三种话语和知识体系,即语言学、生物分类学、政治经济学)中被定位,被还原,被解释,成为对既定的话语体系无害的构成元素(le constituant)。

在《临床医学的诞生》中,福柯谈到了现代临床医学是如何将活生生的生命体变成医学知识的对象的。福柯说:"医生的注意力只能在这个空间内运作,这个空间就变成了一个无

限的空间,由可分离出来的事件组成,这些事件的联带形式就是系列秩序的形式。疾病物种与患病者、封闭的空间与不确定的时间之间的简单辩证关系在原则上瓦解了。医学不再试图观看有感觉的个体背后的本质真实;它所面临的任务是,理解一个开放领域的事件,以至无穷。这就是临床医学。"①临床医学的功能并不仅仅是对个体的诊断。也就是说,临床医学从一开始就不是医生和患者的关系,而是将复杂的开放性事件放入医学的知识体系中,临床医学的医生的功能仅仅在于将各种临床观测到的事件组合成符合知识序列的形式。

这就是福柯谈到的症状(symptôme)和征候(signe)的区别。福柯说,在表面上,征候和症状是一码事,诉说着相同的事物。但是,实际上症状是一种个体性的表述,如当医生询问病人哪里不舒服时,病人自己表述出来的一些症状,如头痛、胸口痛、口干等。这些描述并不是标准的医学上的表述,经过医生的临床诊断,这些发散性的事件被一一还原为既定医学体系上的一个征候,从而准确地与医学知识体系衔接。如头痛的症状经过血生化检验和头部 CT 扫描,可以被转译为征候;如脑部疼痛的血生化指标中的肌酸激酶(CK)增高,由于脑部肌酸激酶的增高,临床医生可以判断,患者的头痛症状可能是由脑血管意外或脑膜炎引发的。这样,个体描述的头痛

---

① 福柯:《临床医学的诞生》,刘北成译,译林出版社,2001,第 108 页。

以及指出疼痛的对应部位是症状,它不是知识性的,而是事件性的;相反,经过血生化检测得出的肌酸激酶的增高,则是该症状的征候,即肌酸激酶的增高和脑部的疼痛描述的是同一个生理事实,但是它们的意义完全不同。头痛的症状不具有知识性,只是个体经验性的架构;相反,肌酸激酶的增高在医学知识体系中与脑血管意外和脑膜炎建立的关联,使得不可言说、无法把握的事件被纳入可以控制的形式体系中,并使得医生能对症状进行有效的治疗。因此福柯说:"就其物质现实而言,征候等同于症状本身;症状是征候必不可少的支撑形态。"①这样,我们可以理解,进行临床医学治疗的前提必然是零散的事件可以被还原为征候,唯有不可确定的事实被还原为征候时,医学上的治疗才是可能的。相反,倘若某种事实不能被还原为现存医学知识体系中的征候和关联,那么这种疾病就是一种新的事件。

在这个意义上,我们可以重新来理解福柯的生命政治的意义。在1976年的讲座("必须保卫社会")的最后一讲,福柯谈到了人口问题。福柯为什么突然关心人口问题,并将人口视为现代治理技术的关键所在?虽然这也涉及人口统计学和初级的信息化统计系统在现代初期对于资本主义社会生活形成的独特贡献,但对于福柯来说,更为重要的是,作为自然生

---

① 福柯:《临床医学的诞生》,刘北成译,译林出版社,2001,第102页。

命体的人何以会变成人口统计学上的人口。福柯说:"这是新的实体:复杂的实体,按人头数算的实体,如果不是无限的,至少也不一定是可数的。这就是'人口'的概念。生命政治学与人口有关,人口作为政治问题,同时作为科学和政治问题,作为生物学问题和政治问题,我认为是从这时开始的。"[1]在很多人看来,福柯这段话的重点是一种可数的人口,将人计量化,是福柯思考生命政治学的起点。但事实上,福柯根本不关心人口的可数性,正如他本人所说,他甚至不关心人口统计的数字是不是无限的。那么,福柯关注的显然不是数字和计数问题。在这个问题背后,隐藏着与《临床医学的诞生》中症状和征候的逻辑一样的思路,即人口统计学发明"人口"概念,并不纯粹是为了计数,这是一种可以将生命体还原为人口的操作。在下文中,福柯立即解释了将生命体转变为人口的奥秘,福柯说:"如果从个人角度来看,这是一些偶然的、难以预测的现象。"[2]也就是说,个体的生命和临床医学上的由个体描述出来的症状是类似的,这种现象难以把握、难以预测。正是因为它们难以预测,也不可能彻底消灭(惩罚体制)和彻底隔离(规训体制)它们,才需要发明一种新的体制,将这些不可预测、难以把握的生命体变成一种可以在知识序列上关联起来的概念,这个概念就是人口。福柯说:"它特别是要建立调整机制,在

---

[1] 福柯:《必须保卫社会》,钱翰译,上海人民出版社,1999,第251—252页。
[2] 福柯:《必须保卫社会》,钱翰译,上海人民出版社,1999,第252页。

这个包括偶然领域的总体人口中,将能够确立一种平衡,保持一个平均值,建立某种生理平均常数,保证补偿;简单说,围绕内在于人口的偶然,建立保障机制,并优化生活状态。"①这样,一旦不确定的生命体通过人口统计变成了人口,这个统计的值就与既定的政治治理的形式,以及政治科学、经济学、社会学、人口学的知识体系建立起联系,变成了可以在总体上控制的量。人们可以在这个总体的人口统计上,谈论出生率、死亡率、男女比例、年龄构成、健康的比率,从而为政治上的有效治理提供可靠的数据支撑。于是,我们可以看到,如果说福柯在《临床医学的诞生》中提出,将不可预测的症状转化为有着稳定数据支撑的征候,是对病人进行治疗的关键,那么在生命政治的治理中,将难以把握的个体生命体,还原为人口概念,也是政治治理的关键所在。也正是因为将生命体还原为人口,生命政治的治理部分消除了个体生命体所带来的不确定性,让政府可以最大限度地排除偶然性事件的发生,确保政治体在最大程度上保持常规的政治治理状态。

我们回到康吉莱姆的结论:病态是一个全新的事件,是新的生命维度。福柯意义上的生命政治的治理,恰恰是病态事件的反面,它是对事件的排除,保证所有的社会秩序在一个可控的范围内运行。福柯看到,生命体转化为人口也意味着一

---

① 福柯:《必须保卫社会》,钱翰译,上海人民出版社,1999,第252页。

旦事件发生,权力可以直接作用于生命体,形成一种例外状态的治理。在1977—1978年的讲座"安全、领土与人口"中,福柯也谈到了流行的传染性疾病与社会治理的关系。与一般的个体性的疾病不同,流行病暴发所产生的效果就是社会性的。在福柯看来,在17—18世纪之前,人们实际上对于流行病没有很好的应对措施,这并不纯粹是因为缺乏医学和病理学知识,还因为在那个时期,根本不存在生命政治治理的人口概念。也就是说,应对流行病的暴发,不仅需要卫生防疫学和病理学上的知识准备,也需要治理手段上的生命政治的准备。福柯说:"流行的疾病的定义和特征是一种痛苦和一个地区之间的以及一种痛苦和一些人之间的整个的总体联系。从人们对接种的成功和不成功进行定量分析的时候开始,当人们计算死亡或传染的各种可能性的时候,流行疾病的特征就不再表现与地区和环境之间的联系,而是表现为,在一个特定时空中的人口中案例的分布。"[1]在2020年的新冠疫情中,这种人口的案例分布显然起到了十分关键的作用。通过应用程序"丁香医生"每天公布的各省区的案例数和案例分布状态,人们可以了解疫情动态,知晓哪个区域情况更为紧急、需要配备更强大的医疗力量,这有利于治理层面提出相应的对策。在欧洲和美国的疫情暴发之后,也是这种人口的分布图,以及每

---

[1] 福柯:《安全、领土与人口》,钱翰、陈晓径译,上海人民出版社,2010,第49页。

天案例数的增长图，成为人们理解疫情发展状况的基本数据，以及决策层制定相应防控措施的依据。在福柯那里，流行病不仅是一个医学和病理学的问题，也是一个显著的生命政治问题。因为对流行病的防控固然离不开在一线奋战的医生，但它还需要政治权力和行政治理的力量在隔离区和封锁区域中发挥作用，而发挥作用的基础就是让生命体变成人口——一种可以被预测和规范化处理的人口。一方面，以人口为基础的生命政治的治理有利于最大限度防止事件的发生；另一方面，一旦发生了事件，对人口分布的管理也可以将事件所产生的冲击力降到最低，不至于让整体的社会体制走向崩溃。

在这个意义上，可以说，人口是现代资本主义社会治理的根基，也是生命政治治理的最基本的概念。[①] 不过，可惜的是，福柯并没有看到今天的数字化技术与生命政治治理的结合所产生的效果，即进一步将生命体内部的不确定性因素降到最低，从而达到排斥事件的目的。例如，疫情期间使用的健康码，实际上就是一个很有意义的尝试。健康码不仅仅是一个对应于我们健康状态的二维码，它的价值不在于个体层面，而

---

① 我在另一篇文章中，已经很详细地分析了人口与现代资本主义社会的产生之间的关联："如果人口统计学代表着现代生命政治治理技术的诞生，那么这种治理技术全方位地推动了现代国家在政治、经济、军事等诸多方面的发展，可以这样说，现代资本主义社会的基石是'人口'，而'人口'建立在对传统社群的分裂，并对分离出来的个体进行规训、监控、管制，使之成为规范化和秩序化个体的生命政治的基础上。"可参看蓝江《智能时代的数字-生命政治》，《江海学刊》2020年第1期。

在于更宏观的政治治理层面，即每一个作为人口的生命体的健康信息被联合成一个网络，这些个体的健康状态随时可以被监控。在这个过程中，健康码和智能手机是联合使用的，这样，在政治治理的层面，能被观测的不仅仅是福柯列举的流行病人口案例的分布，还有其流动状态。这样的治理模式相对于福柯时代的进步性在于，它放开了流动性，而不是将所有人口分别锁在不同的分布区域中。简单来说，由于健康码的实施，可以流动的部分的流动不会带来事件的扩展，而病态的部分仍然在宏观的数据系统中被监控，其影响被减到最小。这是一种比福柯更为福柯的模式，它实现了非隔离性的生命政治全景监控，在流动中（而不是在彼此隔离的状态中）实现安全模式；这不仅仅是例外状态下的生命政治，阿甘本的例外状态的常态化概念，将会在健康码的大数据与生命政治结合的过程中实现。事件被生命政治治理技术屏蔽，即便发生了事件，其影响也会被控制到最小。这是完美的监控状态，也是将具有不定性的生命彻底还原为可控的构成要素的状况。与福柯的理论不同的是，今天的数字-生命政治的基础不再是人口统计学的最后单元——人口，而是一个全新的要素：数据（data）。也就是说，我们将会从人口治理转向数据治理，从以人口为基础的生命政治，转向以数据为基础的数字-生命政治。

　　我们处在一个临界点上，从人口治理向数据治理的过渡，

或许带来的是一个赫胥黎式的美丽新世界。在《西部世界》
(*Westworld*)第三季中，游乐园的机器人潜入人类生活中发现，
现实中的人类已经为 Incite 公司的一个巨大的数据球（名字叫
罗波安［Rohoboam］）所掌控。这样，所谓人类世界不过是
Incite 公司基于掌控所有人类数据生产出来的"新世界"。在
表面上，人类也是掌控大数据的公司的产品，在这个意义上，
所谓真正的人类并不比西部世界的乐园中的机器人高明多
少，人类社会不过是一个扩大版的西部世界。人类社会已经
排除了一切事件的发生，人类的生活已经被浸润在无限循环
的时间中。如果可统计的人口是启蒙理性的产物，那么新世
界的人类将会是数据的产物，在一个庞大的数据球的支配下，
所有人都成为规范化的产品，没有事件，没有未来。这是一个
混沌的场景，而俄耳甫斯的七弦琴声将在人与非人的临界点
上奏响。

第三章　德勒兹的意义-事件

　　有一个我们十分熟悉的德勒兹。在两卷本《资本主义与精神分裂》中,德勒兹与加塔利为我们带来了一系列具有冲击性的概念:装置、无器官的身体、战争机器、块茎、游牧、解域化……一时间,德勒兹和加塔利发明的这些词语成为研究欧陆哲学和文化思想的流行词,而德勒兹本人也成为生命论(vitalism)和后结构主义的重要代表人物。我们或许还需要看到另一个德勒兹,一个与加塔利相遇之前的德勒兹,一个仍然在结构主义话语中盘桓,努力寻找通向未来的道路的德勒兹。为了理解后来提出精神分裂分析和生命论的德勒兹,我们也需要回到那个早期的尚处在法国学院派话语和结构主义窠臼中的德勒兹,如回到德勒兹早期的著作《差异与重复》《意义的逻辑》《普鲁斯特与符号》,等等。在这样的文本中,我们可以看到,德勒兹是如何一步一步地从旧的话语中破茧而出,成为一个富有生命力的思想家的。而在这个过程中,事件和意义的概念,无疑会成为理解德勒兹一生思想过渡和发展的钥匙。

一、斯多葛学派的无形体:Chronos VS Aion

在《意义的逻辑》的开篇,德勒兹并没有直接向我们提出一个哲学问题,而是谈到一位 19 世纪英国儿童文学作家、数学家刘易斯·卡罗尔的作品《爱丽丝镜中奇遇记》。在故事中,爱丽丝由于吃下了奇怪的食物,身体会变大或变小。当我们说爱丽丝在变大时,只是在说爱丽丝变得比她原本的样子更大,但是我们同时可以说爱丽丝在变小,因为她变得比前一刻的样子更小,但相对于爱丽丝原本的样子,她仍然是变大了。这里存在一个问题——德勒兹问题,在这一刻,爱丽丝既变大了,也变小了,这显然是一个悖论,我们无法明确地追问,爱丽丝到底是变大了还是变小了,因为这是一个无法在确定性的层面上来把握的问题。

的确,从柏拉图开始的形而上学,实际上除了证明的理念和可感物之间的二元论,还有另一个更根本的二元论:存在(being)和生成(becoming)的二元论。从存在角度来说,一个事物有着确定的边界,有明确的尺度,有可以进行定量和定性分析的维度。这是一个存在的问题的维度,在这个维度上的事物,有着明确的性质和数量,可以在相应的尺度之下来衡量,可以还原为某个名称,并用"这是……"(c'est..., this is...)的句型来描述。因此,在存在的维度上,我们可以谈论事物和观念的同一性(identity),以及它们之间的对应关系。当然,还有一个生成的维度,这个维度更像是赫拉克利特描述的永恒不熄的变化之火,它不断地逃离当下的名称和性质对它的规定,也逃离我们任何规定性的言辞对它的把握。一旦我们将确定性的言辞用于生成,就会出现悖论,这样相对于有着明确连贯性逻辑的言辞来说,生成总是表现得和卡罗尔笔下的那个身体不断变化的爱丽丝一样。因此,德勒兹说:"纯粹生成的悖论有着逃离当下的能力,而它就是无限同一性的悖论。"①实际上,这个无法简单用一种固定的同一性来把握的生成变化,就是德勒兹意义上的事件。事件逃离了当下,也逃离了名称对其的限定。语言不能在固定的界限之内来描述事件,因此,德勒兹需要一种理论工具来思考与存在和事物相对应的"事件"概念。

德勒兹首先诉诸斯多葛学派。为什么是斯多葛学派?德勒兹在《意义的逻辑》的序言中给出的说法是:"之所以将斯多葛学派放在如此优先的位置上,正是因为他们开创出哲学家的新形象,从而与前苏格拉底哲学、苏格拉底哲学以及柏拉图

---

① Gilles Deleuze, *The Logic of Sense*, trans. Mark Lester & Charles Stivale, New York: Columbia University Press, 1990, p.2.

主义的哲学家形象彻底决裂。这个新形象与意义理论的悖论式架构紧密相关。"①对于德勒兹来说，前苏格拉底哲学家、苏格拉底和柏拉图所代表的哲学家的形象有着自己的"轴心"和"方向"，有着他们自己的"地理学"和"维度"。例如，在柏拉图那里，哲学家的工作是从洞穴中提升，即通过一定的方式，走向洞穴之外的那个最高原则。哲学家显然是那个最高的大写理念的追求者，世俗世界的可感物无非这些大写理念映射到洞穴墙壁上的影子，它们分有着理念，但不能绝对地拥有完全的形式和理念。而这些理念最终指向亚里士多德所说的"存在之所为存在"（being qua being）的本体论。对世界的追问，也就是穷尽地追问处在万物背后的那个最根本的存在的第一动因。

在德勒兹看来，斯多葛学派的哲学家有着根本不同，他们研究的不是那个最终的第一动因，即大写的存在（Being），而是 aliquid②，而 aliquid 可以进一步分成实在物体和无形体（incorporeal）。斯多葛学派的实在物体并不难理解，这些物体就是物理学层面上的存在物，它们在世界层面上相互作用，以

---

① Gilles Deleuze, *The Logic of Sense*, trans. Mark Lester & Charles Stivale, New York: Columbia University Press, 1990, p.xiii.

② 德勒兹在这里使用的拉丁语很难直接翻译。在英文版中，英译者将 aliquid 直接翻译为 something，这样翻译为中文是"某物"。但在后文，德勒兹紧接着强调 aliquid 可以进一步分成实在物体和无形体，也就是说，aliquid 不纯粹是我们日常意义上的物，也指那些无形的东西。因此，我在这里直接引用拉丁文原文，不作翻译。

某种存在方式发展并被统一起来。而在这里,德勒兹更为关心的问题是后者,即无形体的存在。与柏拉图的理念不同,无形体并不是观念,也不具有实际的因果关系,它们不是物理存在物,但这些东西会客观地持续存在于我们的思想当中。以时间为例,在斯多葛学派的哲学家克吕西波斯(Chrysippus)那里,"时间是运动的间隔,按照这个间隔,我们可以谈论速度快慢的尺度,或者说,时间是伴随着宇宙运动的间隔。可以说,一切万物都是伴随着时间运动和存在的"①。克吕西波斯的意思是,在每一个具体运动中,都有一个属于宙斯的活动,即时间运动,这个运动是整个物理世界的运动,也是一种客观的无形体。不过,德勒兹并不关心这种时间运动是不是宙斯的第一推动。他关注的是,实际上存在着两种时间。一种是具体物体运动的时间,即物理学层面上的时间,德勒兹称之为Chronos,德勒兹说:"就 Chronos 而言,它就是时间中的现在的存在。过去、现在和未来并不是时间的三个维度。"②这是一个可度量的时间,一个与实在的物体相伴随(作为现在)的时间。但 Chronos 作为现在,作为有尺度的物理时间,总是在过去和未来之间划开一道裂缝。在这个意义上,Chronos 的时间不是真正意义上的整体时间。那么,克吕西波斯谈到的时间,是另

---

① Sean Bowden, *The Priority of Events*, Edinburgh: Edinburgh University Press, 2011, p.21.

② Gilles Deleuze, *The Logic of Sense*, trans. Mark Lester & Charles Stivale, New York: Columbia University Press, 1990, p.162.

一种时间,即 Aion,一种无限可分的无形时间。德勒兹的说法是:"对于 Aion,过去和未来在时间中持存,并不是现在吸纳了过去和未来……而是一个没有厚度、没有外延的现在。"[①]Aion 的表达更像是后来柏格森的绵延概念,一种从总体上构建的时间,它不是被尺度分裂成现在、过去、未来的时间,而是一种持存,一种无限可分的时间。

德勒兹之所以强调 Chronos 和 Aion 的对立,就是为了引出他对事件问题的思考。Chronos 由于是具体的物理化的时间,一种为严格的规则的尺度所划分的时间,实际上排除了德勒兹意义上的事件,因为一切事物都必须在这个时间尺度下才具有意义。相反,真正的事件,只有在 Aion 的层面上才能成立。因为在纯粹物理学实在的层面上,万物都已经被安排和配置了。和 Chronos 一样,所有的事物被安排成一个连贯且规则的序列,而既定事物都成为这个秩序之下的事物。相反,Aion 让每一个瞬间点可以从自己的位置上来穿透,在 Aion 上,我们看不到任何确定的方向,也没有连续性的变化和运动,那里只有纯粹的杂多,即一种纯粹的事件。

更明确地说,Chronos 是一条明确的线性函数轨迹,所有的物、所有的点,都必须在这个函数关系上来理解。而在德勒兹看来,Aion 更像是一种微分计算,代表着无穷可分的时间。

---

① Gilles Deleuze, *The Logic of Sense*, trans. Mark Lester & Charles Stivale, New York: Columbia University Press, 1990, p.164.

在更早期的《差异与重复》中,德勒兹就使用了微积分的隐喻来说明 Chronos 和 Aion 的关系。Chronos 是原函数,Aion 代表着微分,而微分的核心思想恰恰是无穷分割,这与斯多葛学派对于 Aion 的界定是一致的。不过,作为微分的 Aion 和原函数 Chronos 有什么关系? 德勒兹提出微分的 dx 表达的是对一般意义上的量的废除,"严格来说,dx 与 x 没有关系,正如 dy 与 y 没有关系一样"①。德勒兹的意思是说,dx 和 dy 相互决定,而与原函数之间不存在严格的数量上的决定关系,而且在这个点上,其导数实际上也是由两者的相互关系来确定的。那么,我们可以反过来说,这种相互作用的导数的综合,即积分运算得出的曲线,实际上就是原函数,在这里,积分运算可以视为导数序列的总合。② 于是,可以得出结论,dy/dx 在逻辑上和在本体上都先于原函数。用哲学的话语来说,奇点的存在优先于函数(关系)的存在,可以微分的 Aion 先于规则的 Chronos 而存在。由此,我们可以得出德勒兹在《意义的逻辑》中的第一个结论:Aion 层面上的事件优先于 Chronos 的事实存在。这样,如果我们说前苏格拉底派、苏格拉底、柏拉图等哲学家将

---

① Gilles Deleuze, *Difference and Repitition*, trans. Paul Patton, London: Athlone Press, 1994, p.171.

② 西蒙·杜菲(Simon Duffy)认为德勒兹将积分视为导数序列的总合,即原函数的论断,可能参考了德国数学家魏尔斯特拉斯(Weierstrass)在《论阿贝尔积分论》中的观点。参看 Simon Duffy, "The Mathematics of Deleuze's Differential Logic and Metaphysics", in *Virtual Mathematics: The Logic of Difference*, ed. Simon Duffy, Manchester: Clinamen Press, 2006, p.127。

事实存在当作本体论的核心,那么斯多葛学派思想家显然将事件当作本体论的核心。在今天,德勒兹在《差异与重复》和《意义的逻辑》中展现的雄心恰恰是,重新恢复无限可分的Aion的荣光,将事件重新放在本体论的核心上,更准确地说,德勒兹试图创立一个事件本体论。

二、意义-事件:命题的第四维度

我们不仅需要知道在 Aion 层面上不断变化和发生的事件,以此来区别于在 Chronos 上发生的具体事态,然而,更为棘手的问题在于,我们能否在语言上来言说事件。这个问题涉及一个更为基本的问题,即德勒兹认定了事件的绝对优先性(相对于指称与含义,词与物这样一些经典的形而上学命题的优先性)之后,我们的语言是否有能力承载事件的发生。因为我们的语言被认为是有序的,并与所指和事物建立了严格的对应关系,在德勒兹的框架下,Aion 层面上的事件实际上是超越并在逻辑上先于这种关系的,所以我们如何能言说事件?在《意义的逻辑》的《悖论系列 3》中,德勒兹提出:

> 在事件-后果和语言(或可能的语言)之间,存在着一种本质性的关联:事件的特性就在于,它们在至少是可能的命题之中被表达或可被表达、被陈述或可被陈述。然

而在命题之中存在着众多关系,哪种关系对应于表面上的后果或事件?[1]

为了解决这个问题,德勒兹提出了我们言说命题的三个维度。第一个维度是指称(denotation),简单来说,指称就是一个命题与外部事实的关系。在指称中,命题所使用的词语构成了一种特殊的"形象"(image),"这些词语连接起来构成的形象,应当'再现'了某种事实"[2]。例如,命题"这里有一张红木桌子",无论该命题真与假,它都指向了一种形象,而这个形象指向某个具体事态。对于指称命题,我们可以判断真与假,如果能够与外部事实符合,我们就可以说该命题是真的,相反,则是假的。

命题的第二个维度是表示(manifestation),这个维度也不太难理解。与对应于外部事实的指称命题不同,表示对应的是主体内部心理中的信念或欲望,并不是对一个外部事态的刻画,比如命题"我希望这里有一张红木桌子"与之前谈到的"这里有一张红木桌子"就分属于不同的命题维度。在加上了"我希望……"之后,命题重点不是描述一个客观的外部事实,而是强调主体的内心愿望。但是,在根本上,表示维度和指称

---

[1] Gilles Deleuze, *The Logic of Sense*, trans. Mark Lester & Charles Stivale, New York: Columbia University Press, 1990, p.11.

[2] Gilles Deleuze, *The Logic of Sense*, trans. Mark Lester & Charles Stivale, New York: Columbia University Press, 1990, p.11.

维度并没有太大的区别,因为表示命题也存在着一种严格的对应关系。唯一的区别在于,它会以人称代词,如前例中的"我",作为主语架构整个表示命题。

命题的第三个维度是意指(signification),德勒兹自己的定义是:"意指是词语与普遍的或一般的概念的关系,以及句法联系与概念含义之间的关系。"①相较于前两个维度,意指维度更抽象一些,不过我们可以这样来理解,一个"意指"命题,意味着该命题所意指的概念含义,可以指向其他命题,而其他命题成为该命题的前提。意指命题常常用在逻辑论证之中,如亚里士多德著名的三段论论证基本上都属于意指命题,当我们说"苏格拉底是会死的",其中在三段论推理中,就包含了"苏格拉底是人"和"凡是人都是会死的"这两个前提性的命题,而前提性命题保证了"苏格拉底是会死的"这一命题为真。

其实,德勒兹并不是向我们讲述命题的种类划分,尽管他提出了命题的三个维度,但他是按照一种分析哲学的方式来给出命题的划分的。不过,德勒兹更关心的问题是,表面上区分为三个维度的命题,事实上构成了一个同质性逻辑循环,三个维度的命题是彼此决定的。词语的连接构成的指称命题,事实上是由一个主体做出的,也就是说,主体的表示构成了指称命题的前提,此外,主体的表示也在概念性意指关系中占据

---

① Gilles Deleuze, *The Logic of Sense*, trans. Mark Lester & Charles Stivale, New York: Columbia University Press, 1990, p.14.

着重要地位。在德勒兹看来,指称—表示—意指构成一个循
环,而这个循环是彼此相互规定的,形成了我们在面对世界时
有序的和规则的言说。在言说上,指称—表示—意指假定了
我们可以从主体上完成三个连接关系:言说—事态、言说—心
理、言说—概念,而以有序的言说架构起来的关系,恰恰是事
态—心理—概念的有序的对应关系,也就是说,在共同的言说
基础上,命题将世界规制成一个有序整体,即指称—表示—意
指对应的事态—心理—概念有序整体。在德勒兹看来,无论
是柏拉图式本体论,还是现代的语言哲学(尤其是弗雷格式的
语言哲学,他建构了指称—意义—意指[Zeichen－Sinn－
Dedeutung]的三元关系,与德勒兹的三元关系十分接近),都
旨在建立一种 Chronos 层面的存在本体论或语言本体论。

　　命题是否存在一个维度可以与 Aion 层面上的事件相对
应?德勒兹给出了肯定的回答。德勒兹称之为命题的第四维
度,即"意义"(sense)的维度。这也正是德勒兹将他讨论事件
的著作命名为《意义的逻辑》的原因。在这个维度上,意义和
事件构成了一对关系,那么意义不是在一种循规蹈矩的有序
空间和时间下的规定性,而是一种可能性,即面对既定的事
态,正在发生中的变化。法国斯多葛学派的研究者埃米尔·
布雷耶曾提到斯多葛学派谈过的刀切肉的例子:"刀切进肉
里,刀给肉带来变化,并不是给肉带来了新的属性,而是产生
了新的归属(attributif),即被切的肉。归属并不指向一个实在

性质,相反,它通常是由一个动词来表达的,意味着它不是一个存在,而是一种存在方式。"[①]我们对此可以换一个说法,动词所表达的归属或存在方式,就是一个奇点(singularity),它的变化带来了不定性,而这种不定性先于性质的确定,即先于带有明确属性的存在物。在德勒兹看来,明确属性的存在物是一个结果,是事件留下的痕迹,并为规则的言说与事态的对应关系所消化,言说与事态构成了一种原函数。意义与事件构成的奇点类似于微分,它不能简单化归既定的原函数;我们对事件的言说类似于一次求导运算(dy/dx),即确定 dy(意义)和 dx(事件)之间的关联。

我们可以宫崎骏的动画《千与千寻》中的千寻为例子来分析德勒兹的意义与事件的关系。千寻随着父母来到一个完全陌生的地方,而她的父母因为不明就里地暴食变成了猪。这样千寻在这个世界中的父母与女儿的关系就消失了。千寻成为汤婆婆世界里的不定物,她没有固定的值,也就是说,千寻需要在汤婆婆的油屋世界里生成自己,这与德勒兹所说的梦游仙境的爱丽丝有些类似。不过,千寻先后在锅炉爷爷、小玲那里打工,后来与汤婆婆签下了一份协议,成为汤婆婆手下的合法打工者。但是,在汤婆婆的协议上,千寻原本的名字被抹除,她被称为小千。简言之,千寻失落在一个新世界,并在这

---

① Emile Bréhier, *La théorie des incorporels dans l'ancien stoïcisme*, Paris: Vrin, 1928, p.11.

个世界获得一个新身份,成为一个事件。从千寻到小千的变化,就是德勒兹意义上的事件。而小千是这个变化的一个结果,我们不能简单地将千寻还原为那个不懂事,甚至有些娇惯的千寻,也不能直接将她等同于在汤婆婆麾下充当奴仆的小千。因为无论是千寻还是小千,都是一个 Chronos 上的固定值,而不是事件本身,只有在这个微分变化中来言说事件才是可能的。或许,宫崎骏的《千与千寻》的名字所体现的意义,正是对应于影片中所体现出来的意义-事件,即唯有当我们将"千"与"千寻"两个概念并置的时候,事件的归属才能在言说中体现出来。

总之,德勒兹意义上的命题的第四维度,即意义维度,并不是在一个已经具有意义的层面上来谈论对事件的言说,它需要发明一种词语的连接方式(如"千与千寻"),并让其具有意义(make sense)。一旦其具有意义,这个连接方式与发生中的事件就具有了关联,形成了意义与事件的对应关系。德勒兹说:"意义不会融合在仅仅表达既定事态或指称属性的命题之中。在这个意义上,意义就是一个'事件'。事件也不会融合在既定事态的时空架构中。所以,我们不会问事件的意义是什么,因为事件就是意义本身。"①由此可见,如果我们把言说本身也看成既定事态的话,意义与事件都是对既定事态的

---

① Gilles Deleuze, *The Logic of Sense*, trans. Mark Lester & Charles Stivale, New York: Columbia University Press, 1990, p.22.

超越,在这种超越中,意义和事件连接为意义-事件。我们看到了德勒兹事件本体论的第二个层次,即事件相对于事实存在的优先性,以及意义相对于言说(指称—表示—意指的三元关系)的优先性。事件的流动凝固为具体事态的存在,而意义则凝固为语言或言说上的一个指称、表示或意指。这样,在德勒兹那里,意义-事件构成了原生性的生成,它在发生学上绝对地优先于存在和语言的规定。我们似乎从意义-事件的概念中,看到了那个后来追求逃逸线和游牧的德勒兹的影子。

三、不可共存世界的析取性综合

由于德勒兹的事件本体论确定了事件优先于事实存在、意义优先于言说的基本原则,那么意义-事件还有一个问题,即意义-事件是如何在世界中被确定为事件的?

回到《千与千寻》的例子。在油屋的世界里,如果千寻不去锅炉爷爷那里打工,不跟着小玲去打扫客人的房间,她是否有可能成为后来的小千?或者在成为小千之后,她是否有可能遇到变成污浊怪物的河神,并将河神彻底洗净,恢复河神的真身?如果没有救下白先生,弄清钱婆婆和汤婆婆的关系,并呼唤出白先生的真名——琥珀川,她是否有机会从小千变回千寻,并带着自己的父母顺利地离开油屋的国度?答案当然是否定的,在油屋的世界里,仅有千寻一个人是无法形成意义-事件的,千寻无法在那个世界获得必要的实存值,因此被视为不存在。这样,成为意义-事件,不是静态地等待事件的降临;成为意义-事件,仍然需要一定的条件。

　　在这里,德勒兹借用了分析哲学家戴维森的方法,即一种三角形的方式来定位事件。戴维森指出:"至少需要两个点来定位一个思想(或感知)的原因,来定义其内容。我们可以将其视为一种三角形的形式:任意两人在某个既定方向上对感官刺激流做出不同的反应……如果两人都注意到彼此的反应(在语言意义上的反应,动词反应),每一个人都会将他看到的反应与自己从世界上感受到的刺激关联起来。那么就确定了一个共同动因。赋予思想和言说以内容的三角形是一个完整的三角形。"[1]戴维森使用了一种三角测定关系来确定一个对象的思想与内容,从而让一个漂浮不定的思想和事件可以在三角关系中确定下来,并获得意义。德勒兹在《意义的逻辑》中显然借用了这个方法。德勒兹说,进入世界的某个奇点,也就是斯多葛学派意义上的 aliquid,是一个漂浮不定的单子,它无法从自身中获得意义,即成为一个事件。成为一个事件还需要另外两个因素,即另一个单子和世界的法则。后者我们可以理解为世界的一种超越性规则(或者一种超越性函数),相对于世界的一个基础性架构,我们可以用代数符号 T 来表

---

[1] Donald Davidson, *Subjective, Intersubjective, Objective*, Oxford: Clarendon Press, 2001, pp. 212-213.

示。那么在超越性函数 T 下，存在两个单子 O 与 O′，这两个单子之间的相互作用，形成 T(O, O′) 之间的三角形关系，也只有在这个三角形关系中，O 的意义才能被确定下来，成为一个稳定的值，即意义–事件。在《千与千寻》的例子中，千寻和小玲、千寻和白先生、千寻和钱婆婆等都可以构成 T(O, O′) 的关系，而任意的关系都可以确定为意义–事件。为了弄清这一点，我们可以具体分析一下在同一个 T 下，不同对象结合形成的意义–事件的不同。

仍然以《千与千寻》为例，我们设千寻为单子 O，锅炉爷爷为 O_1，小玲为 O_2，白先生为 O_3，面对油屋的超越性函数 T，我们可以分别得出如下几个不同的意义–事件值：

SE_1：$T(O, O_1)$，千寻在锅炉爷爷那里打工搬运锅炉煤炭，千寻的意义与锅炉爷爷构成煤炭搬运工。

SE_2：$T(O, O_2)$，千寻与小玲一起打扫油屋客人的洗浴房间，千寻被确定为小千，彻底失去千寻的意义，变成油屋的清理员小千。

SE_3：$T(O, O_3)$，千寻拯救了白先生，消除了白先生身体内的诅咒，将白先生的名字恢复为千寻小时候游玩的河流的名称——琥珀川，千寻重新获得了自己的名称，并与父母一起回到现实世界。

由此可见，作为单子的千寻，在同一个超越性函数 T 下，与不同他者单子的结合，会形成不同的意义事件。纯粹的单子,或者纯粹的奇点,是无法确定意义的,它永恒地只能在世界上如同幽灵一般飘浮。让单子成为事件,并具有意义,必须存在另一个对象,与之形成三角形关系。

但是,问题在于,在千寻与不同的他者单子构成意义–事件的时候,即在 SE_1、SE_2、SE_3 之间存在着一种什么样的关系? SE_1、SE_2、SE_3 是否可以在同一个函数 T 下保持连贯性关系? 莱布尼茨是在一个假定的前定和谐的命题下讨论这些问题的。也就是说,莱布尼茨的单子论假定了一个前定和谐的有着共存可能性(compossibility)的世界,这个共存可能性是由上帝来保障的。但是,德勒兹那里没有上帝,那么也就没有了莱布尼茨式的前定的共存可能性,没有任何先决条件来保障 SE_1、SE_2、SE_3 之间的可能性。于是,SE_1、SE_2、SE_3 之间无法形成莱布尼茨在《神正论》中所说的收敛(convergence)关系,那么就有可能形成一种悖论性的分歧(divergence)关系。

这样,德勒兹提出了一个不可共存的(incompossible)世界。也就是说,在单子 O 与不同的其他单子结合成不同的意义–事件 SE_1、SE_2、SE_3 时,无法保障这些意义–事件具有收敛性的关系,它们甚至有可能形成悖论式的关系。德勒兹说:"作为认知主体的自我,一旦在一个不可共存的世界里辨识 aliquid,那么 aliquid 就只能是分歧的。"[1]于是,在一个不可共

---

[1] Gilles Deleuze, *The Logic of Sense*, trans. Mark Lester & Charles Stivale, New York: Columbia University Press, 1990, p.113.

存的世界上,SE₁、SE₂、SE₃不可能共存,这样就需要对不同的意义-事件进行选择,进行析取,德勒兹称之为析取性综合(disjunctive synthesis)。在这个意义上,析取关系对应于合取(conjunction)关系,合取关系表现为集合论上的并集,即在一个超验性法则 T 之下,不同的意义-事件具有共存可能性,即 SE₁、SE₂、SE₃的合取。但合取关系具有严格的限定条件,在莱布尼茨那里,需要以全知全能的上帝为保障的前定和谐作为合取的条件。但是,如果没有这个全知全能的上帝,即在一个不可共存的世界上,如何来保障不同意义-事件之间的合取?所以,在不可共存的世界上,意义-事件的存在只能表现为析取性综合。析取关系是一种选择关系,是克尔凯郭尔式的非此即彼的关系。也就是说,如果 O₁ 和 O₂ 是不可共存关系,一旦单子选择了与 O₁ 构成 SE₁,就不可能同时与 O₂ 构成 SE₂,那么就必须在 O₁ 和 O₂ 之间做出选择,这就是所谓析取性综合。

2018 年,西班牙导演奥利奥尔·保罗(Oriol Paolo)的影片《海市蜃楼》(*Mirage*)为我们提供了一个十分精彩的析取性综合的案例。一天晚上,女主角维拉发现一台放在库房的旧电视突然亮起,画面中出现的是一个正在录制自己视频的三十年前的小男孩尼克,维拉看过相关的报道,小男孩尼克在三十年前的那个晚上遇车祸身亡。由于偶然性的时间链接,维拉隔着电视向尼克喊话,让他不要去隔壁看那里发生了什么,这样,尼克在时空链接中被拯救了,并存活了下来。但是,当女主角维拉再次睁开眼的时候,周围一切都变化了。她丈夫不再是她丈夫,而是变成了一个陌生人。原来被她视为掌上明珠的女儿也彻底消失了。迷惘的维拉不知道发生了什么,这个时候,她成为一个不定的单子。当维拉选择报警的时候,警察莱拉很殷勤地照顾了她。在维拉追查到底发生了什么的时候,她发现了原来的世界中的丈夫出轨的证据,而此时此刻维拉发现,警察莱拉就是那个被她的呼喊救下来的小男孩尼克。不仅如此,尼克或者莱拉感激维拉,并爱上了维拉,莱拉实际上是这个世界上的维拉的丈夫,他们过着相亲相爱的新生活。由于维拉接受不了这一切,她选择了在莱拉面前自杀。莱拉再次启动时空链接,让维拉复苏,这次维拉的丈夫又恢复成最早的戴维,与此同时女儿也回到了维拉身边。但是在第三个世界中,莱拉放弃了追求维拉,所以莱拉并不认识维拉。所以,在第三个世界里,维拉果断放弃了戴维,通过揭发一场凶杀案与莱拉重新邂逅。我们注意到,在保罗的电影中,三个世界实际上就是德勒兹意义上的不可共存的世界。在每一个世界中,维拉都不可能同时与之前的丈夫戴维和第二个世界中的莱拉保持夫妻关系。也就是说,维拉必须在戴维(以及与戴维的女儿)和莱拉之间二择其一。在第三个世界中,维拉做出了她的析取性综合,即通过揭露一桩陈年凶杀案,让她与莱拉的邂逅成为意义–事件,并作为意义固定下来。

　　由此可见,德勒兹的《意义的逻辑》中最关键的概念就是在一个不可共存的世界上的析取性综合。这个析取性综合导致了本体上的事实存在,以及逻辑上的指称—表示—意指的循环。而正是析取性综合,将每一个人、每一个个体的选择当成事件,德勒兹慷慨激昂地指出:

> 所以,问题在于要认识到个体如何可以超越他的形式,他与世界之间的句法关联,去获得事件的普世性传播,也就是说,通过析取性综合,来超越逻辑矛盾,甚至超越非逻辑的不可共存性。对于个体来说,这必然将他自己把握为一个事件,即在另一个个体作用于他自己的实现过程中来把握事件。①

在这里,我们读到了德勒兹的事件概念的真正用意所在,他所说的事件并不是客观层面的事件发生,这让他区别于后来的巴迪欧、齐泽克等人对事件的概括。对于德勒兹来说,重要的不是出现客观的绝对的新事态,而是主体在面对世界时做出的析取性综合,并以此来形成意义–事件。这样,主体在析取性综合中将自己把握为事件,这个结论让德勒兹直接从对事件的语言学分析走向了生命论。也就是说,对事件的把握最重要的是生命的选择,生命在面对不可并存的世界时的

---

① Gilles Deleuze, *The Logic of Sense*, trans. Mark Lester & Charles Stivale, New York: Columbia University Press, 1990, p.113.

析取性综合才是事件的真谛。所以,巴迪欧对德勒兹的评价是准确的,即"析取性综合概念是德勒兹生存性的'生命'概念的核心,他等同于一种生产的单义性。它界定了'大写的一'的权力,即使在离散性的序列中,它亦可昭示自身"①。所以,我们可以看到,《意义的逻辑》下的德勒兹正在借助意义–事件的概念,筹备着为他的生存性的"生命"概念铺路。或许在后期,他更喜欢用"逃逸线"和"游牧"这样的概念来描绘事件,因为这些概念本身就意味着德勒兹通过哲学概念,析取性地将自己把握为一个哲学上的意义–事件。

---

① 巴迪欧:《世纪》,蓝江译,南京大学出版社,2017,第47页。

第四章　巴迪欧的事件本体论与事件现象学

　　在从哲学上讨论事件问题的当代哲学家中,法国哲学家阿兰·巴迪欧(Alain Badiou)当之无愧为其中最重要的代表。作为阿尔都塞的学生,他避免了从纯粹的文学和诗学的角度将事件浪漫化,变成一种诗性的想象。相反,在巴黎高师受过良好的数学和哲学教育,并且日后在巴黎八大和高师哲学系担任教职的巴迪欧,更喜欢从形式上(尤其是数学的形式主义)来描述事件范畴,将事件范畴真正地纳入哲学本体论的范围来考察。这就是他的《存在与事件》(1998 年)一书的来历。也正是从《存在与事件》开始,巴迪欧正式建立了带有他自己的印记的唯物主义的事件哲学,与埃蒂安尼·巴里巴尔(Étienne Balibar)不同,他不再是阿尔都塞的忠实跟随者;与雅克-阿兰·米勒(Jacques-Alain Miller)不同,尽管巴迪欧与米勒一起在圣安娜医院听了雅克·拉康的讲座,但他并不是拉康的精神分析理论在哲学上的诠释者。相反,在20世纪80年代,在那个被加塔利称为冬月的年代里,巴迪欧总结了60年代和70年代的革命教训。在同格鲁克斯曼(Glucksman)等新哲学家的斗争中,他提出了自己的希冀,即不要向新自由主义的政治哲学低头,也不要向代表着伪民主的资本主义代议制民主低头,更不要向用金融和技术改造整个社会的强大的资本低头。对此,巴迪欧感觉到,必须发明一个新的概念,人们需要一套新的理论框架,来面对20世纪80年代的资本主义的新发展,同新自由主义和代议制民主国家的理论框架做斗争。也就是说,巴迪欧的事件哲学从一开始就是政治的,它是作为针对资本主义和新自由主义的政治哲学而产生的一个特殊概念。不过,巴迪欧将事件范畴拓展到四个不同的领域,即巴迪欧经常说的四个真理程序——政治、科学、艺术和爱。围绕着这四个真理程序,巴迪欧构建了他的整个事件哲学的大厦,并成为独立于20世纪80年代和90年代流行的新自由主义和后现代主义的新的哲学思潮。因此,对巴迪欧的事件概念和范畴的理解,需要回到历史的大背景之下来审视,为什么是"事件"让巴迪欧成为今天最重要的哲学家之一。

一、巴迪欧的事件问题的缘起

显然,巴迪欧一开始并不关心事件。与事件那种难以捉摸的特性相比,更让初出茅庐的巴迪欧感兴趣的哲学范畴是模式(modèle)。相对于阿尔都塞的其他弟子(如朗西埃、巴里巴尔、马舍雷等人)来说,巴迪欧入门比较迟,他并没有赶上20世纪60年代的"读《资本论》小组"。尽管在那个时期,巴迪欧已经开始了理论写作,但他并没有为我们留下太多值得注意的作品。不过巴迪欧参加了阿尔都塞后来组织的"斯宾诺莎小组",在这个小组中,巴迪欧曾与巴里巴尔和马舍雷等人有过激烈的讨论。从巴迪欧自己的回忆来看,他十分认同阿尔都塞60年代在科学和哲学之间作出的划分,但他不满意的是,阿尔都塞及其他弟子讨论这个问题的方式仍然是哲学的,而不是科学的。70年代,阿尔都塞举办了一个给科学家讲授哲学的讲坛,巴迪欧也被阿尔都塞邀请在其中讲一次课。在这个讲坛上,巴迪欧决心将他早期的一些想法汇成一部著作,并使用真正的科学的语言来去除理论语言中的意识形态的阴霾。这就有了巴迪欧的《模式的概念》(Le concept de modèle)一书。

那么,为什么巴迪欧早期会关心"模式"概念呢?在我看来,这恰恰体现了他对阿尔都塞的意识形态和科学作出断裂性区分的坚持。在巴迪欧看来,尽管阿尔都塞使用了巴什拉的"认识论的断裂"概念,但阿尔都塞并没有在这条道路上坚持到底。[①] 为了将这个区分或者"认识论的断裂"坚持到底,巴迪欧认为,必须引入一个全新的概念"模式"。在《模式的概念》中,巴迪欧十分清楚地说明了模式"完全是数学逻辑的一个更具有生命力的分支,也就是说模式理论。在经过了一个有限过程之后,才能十分清楚地给出理论上的陈述。例如,1.如果一个理论是一种模式,这个理论是完全融贯的(哥德尔–亨金的完全性定理)。2.一个认可无限模式的理论必然也可以认可可数的模式(洛文海姆–斯科伦定理)。3.如果不带选择公理和连续统假设的集合论认可一个模式,那么可以将两个认可模式的陈述相衔接(哥德尔定理)来获得理论,也可以加上它们的否定来获得理论(科恩定理)"[②]。

实在地说,阅读巴迪欧的《模式的概念》一书,对于没有任何数学基础的人来说,并不是十分享受的经历。尽管在这本

---

① 有趣的是,阿尔都塞的两名弟子,即朗西埃和巴迪欧都在之后与阿尔都塞分道扬镳,并用激烈的言辞来批判阿尔都塞的理论。但他们两人的批判方向是完全相反的,朗西埃认为阿尔都塞的理论抹杀了主体的理论,尤其是他用带有资产阶级知识分子精英色彩的概念和范畴来掩盖真正的无产阶级主体的知识。朗西埃认为阿尔都塞太形式主义,太刻板了,以至他忘却了马克思主义理论中最活跃的因素(参见朗西埃的《阿尔都塞的教训》一书)。而巴迪欧批判阿尔都塞则是觉得阿尔都塞的哲学话语掩盖了他的科学的光芒,即他还不够形式主义,他需要在形式主义这条道路上继续下去,排除科学之外的意识形态的干扰,才能找到真正的答案。

② Alain Badiou, *Le concept de modèle. Introduction a une epistmologie materialiste des mathematique*, Paris: François Maspero, 1972, p.23.

书里面巴迪欧反复强调他希望引述数学上的形式概念,来建构一种彻底的辩证唯物主义的理论。实际上,他在第一篇哲学文章《辩证唯物主义(再)开始》①中表达了相同的期望,即建立符合科学和数学观念的具有形式上连贯一致性的哲学概念。在这个方面,巴迪欧更依赖于哥德尔、亨金、康托尔、洛文海姆、斯科伦、科恩等数学家的贡献。我们可以说,巴迪欧的"模式"概念或理论是一种在数学上可以证明的融贯性理论,符合数学形式上的要求,并能给出完全性的证明。那么,巴迪欧最初的哲学理想显然是去除理论中的哲学和意识形态成分,从而让马克思主义的学说真正走向科学化(更准确地说,巴迪欧的科学化在很大程度上就是数学化)。正如雷伊·布拉西耶后来评价说:"巴迪欧在《模式的概念》中的特定目标就是凭借一个资产阶级的认识论范畴——其中心就是"形式"与"经验"之间的区分——将科学的(逻辑–数学的)模式概念从观念的包络中分离出来,并构造一个与唯物主义的科学史相对应的哲学范畴。"②布拉西耶的评价可谓一语中的。巴迪欧的确希望寻找到一种站立在形式化数学基础上的唯物主义理论,并冀望用这种形式化的唯物主义理论来彻底地改造属于科学范畴的马克思主义。这就是仍然在阿尔都塞思想影响下

---

① 该文的中译版可以参看巴迪欧《辩证唯物主义(再)开始》,《郑州轻工业学院学报(社会科学版)》2018 年第 1 期。
② 巴特雷、克莱门斯主编:《巴迪欧:关键概念》,蓝江译,重庆大学出版社,2016,第82 页。

的巴迪欧的雄心,他的志向也仅仅限于将他的恩师的理论加以彻底化,为未来真正科学的唯物主义和马克思主义开辟道路。他显然将"模式"概念当作开辟这条道路的最锋利的武器,在这个时期的巴迪欧看来,倘若我们找到一个真正科学的"模式理论",那么唯物主义将重新矗立在科学(尤其是数理逻辑的科学)的基础上,为扫除社会理论和马克思主义理论中的资产阶级意识形态阴霾奠定基础。

　巴迪欧的数学形式的唯物主义和马克思主义的梦想的确带有理想化的形式,他试图在数理逻辑上打造好革命的武器,反过来用之于社会,实现真正的科学的社会革命。这就是他会将他的早期的革命信念称为"逻辑反抗派"(résistant par logique)的原因所在。也正因为如此,在20世纪70年代,他用自己的方式解释了毛泽东的"造反有理"(On a raison de se révolter),即创造一种真正科学的理论,来反抗现实社会中的意识形态和资产阶级的观念,用彻底的科学理性来反抗意识形态国家机器。在这个意义上,我们与其说巴迪欧是阿尔都塞思想的承袭者,不如说他是让·卡瓦耶斯(Jean Cavaillès)意志的直接体现。巴迪欧对卡瓦耶斯有过这样的评价,卡瓦耶斯认为数学哲学必须避免让自身引入一个建构性的数学主体,目的是检验数学概念的内在必然性,他提出,意识哲学必须为概念的辩证法所取代。在巴迪欧那里我们也可以看出,他的理想在于,在历史发展和政治运动的进程中,彻底去除主观化的判断,让科学的历史规律发挥其内在性的作用,从而用真正的辩证唯物主义来取代一切历史哲学和政治哲学。

　　或许正是因为这种用逻辑来造反的思路过于理想化,很快巴迪欧就遇到"模式理论"的形式主义所无法消化的理论内核。之所以如此,一方面是因为巴迪欧阅读了中国哲学家张世英先生关于黑格尔辩证法的文章①,他将张世英先生的黑格尔哲学理解为唯心主义的辩证运动和唯物主义的合理内核两个部分。巴迪欧说,张世英"由此将黑格尔辩证法分裂为一个事实上属于唯心主义体系组成部分的唯心主义方面(绝对精神所导致的终结⋯⋯)和一个合理的方面(笼统而言,可以说是当存在运动的时候⋯⋯)"②。也就是说,巴迪欧看到了一个在形式化之外的合理内核,即一个无法被消化为观念的"真实"(le réel)。这意味着唯物主义辩证法的科学化想要走出传统形而上学的藩篱,就必须面对真正的合理内核。在巴迪欧这里,合理内核被赋予了另一种意义,即一种无法被观念化的东西,这是真正的实在,也是真正唯物主义必须面对的东西。唯心主义,尤其是黑格尔式的唯心主义满足于观念的自我运

---

① 张世英先生的文章《黑格尔哲学的"合理内核"》,中文版收录于张世英《黑格尔的哲学》,上海人民出版社,1972。1973 年,在北京大学学习的法国人白乐桑(Joël Bellassen)曾经将该文翻译为法文,后来巴迪欧看到此文的法文版,将其收录在他主编的 Maspero 出版社"延安文丛"系列中,巴迪欧为这篇文章撰写了两篇序言,即《黑格尔在法国》《黑格尔在中国》,并对张世英的文章做出了自己的解读。
② 孙向晨主编:《巴迪乌论张世英》,谢晶等译,上海三联书店,2016,第 65 页。

动,沉浸在观念连贯一致性当中,实际上这种运动将哲学思考彻底带离了实在世界的地面,成为一个虚构的天国。只有真实的合理内核才能刺破这一幻象,让观念化运动重新返回到实在的地面上。从巴迪欧对张世英先生的"合理内核"思想的解读中,我们仿佛看到了巴迪欧的事件理论的雏形。一个事件,恰恰就是在这个无法被观念消化的合理内核中构筑的,一旦唯心主义的观念的天国被突兀的合理内核刺破,观念的运动就将一分为二,虚幻的天国和坚实的合理内核成为不可调和的二元世界。

另一方面,在这个时期,对巴迪欧影响力更大的是拉康式精神分析。在阿尔都塞的安排下,年轻的巴迪欧和雅克-阿兰·米勒一起到圣安娜医院听拉康的讲座,拉康独特的精神分析学说及其思想的魅力瞬间吸引了两位巴黎高师的学生,他们以不同的方式贴近精神分析,这也促使巴迪欧在之后决定用精神分析的方式来重构他的形式化唯物主义理论。在这一点上,他坚信拉康的真实界就是他所理解的黑格尔的合理内核,也是唯物主义的真正基础。1981 年,在一篇追悼拉康的文章中,巴迪欧毫不讳言拉康给他带来的巨大影响:"拉康在其理论中归纳的分裂的、漂浮的主体为我们提供了一种走出这种窘境的方式。这样,主体是断裂的产物,而不是表达出现实的观念的结果,甚至也不是工人阶级观念的结果。对于今天的法国马克思主义来说,拉康的作用就如同黑格尔对于 19

世纪 40 年代德国革命的作用。"①在这篇文章发表后不久,即
1982 年,巴迪欧出版了《主体理论》(*Théorie du sujet*),用他自
己的话来说,这是一本向拉康致敬的书,全书的基本结构都在
模仿拉康的讲座集系列。

　　为什么谈主体?巴迪欧名义上的导师阿尔都塞不是说,
历史是一个无主体的过程吗?巴迪欧所崇敬的数学家和哲学
家让·卡瓦耶斯不是希望排除主体性,让我们看到科学的内
在必然性吗?为什么他们的追随者和弟子巴迪欧又重新回到
了主体问题?这显然与拉康的讲座密切相关。也就是说,在
聆听拉康的讲座时,巴迪欧重新发现了主体,但这种主体不是
资产阶级意识形态或通俗的主体哲学那种庸俗的主体,而是
一种被拉康式精神分析改造过的主体。换言之,巴迪欧既不
满意传统的欧洲唯心主义观念论的泛化和庸俗化的主体,也
不满意卡瓦耶斯、康吉莱姆、阿尔都塞等人提出的无主体的过
程。在拉康的指引下,巴迪欧重塑了主体概念,正如他强调的
那样,主体不是随处可见的,也不是任何人都可以充当主体,
主体的出现有一个不可或缺的前提——事件的出现。巴迪欧
说:"事实上,所有的主体都是由一个真理程序导出的,所以,
主体依赖于事件。这就是主体十分稀缺的原因。"②此时的巴
迪欧已经意识到,真正的主体依赖于事件,没有事件就没有主

①　巴迪欧:《小万神殿》,蓝江译,南京大学出版社,2014,第 10 页。
②　Alain Badiou, *Conditions*, Paris: Seuil, 1992, p.234.

86

体。在惯常的意识形态的形式下,只有机械式的运行规则,每一个生命体都如同机器零件一样被绑定在运行的程序当中(不仅人如此,动物也是如此,如奶牛场的奶牛,猪圈里的猪仔,甚至宠物店里的小猫小狗),在这个程序中,根本没有主体。只有当眼下的这个运行的程序遇到了突发事件,无法正常运动下去时,才会有人站出来,宣告一种新的真理的降临,一个新的程序的降临,那声宣告就是革命,也是一种全新的真理。巴迪欧说:"马克思主义的革命就是事件的发生,这就是真实,在真实的基础上,一个政治主体在当下宣告了自身。除革命之外,什么也没有发生。这是一个不可能的事件,和所有真正的事件一样,马克思主义通过对事件概念的回溯在主观上保障了事件的发生。"①由此可见,尽管《主体理论》的主题是"主体"(sujet),但是巴迪欧在写作过程中已经深刻地意识到,主体的产生与事件息息相关,为了不坠入唯心主义观念论的藩篱,他必须提出一种唯物主义式的事件概念。因为,无论是逻辑还是形式观念,都不能直接降临在大地上,成为天翻地覆的革命。革命依赖于主体,而主体在等候着事件。巴迪欧同时意识到,真正的革命性的东西,并不在于一个主体能否掌握绝对的形式主义和数理逻辑(尽管巴迪欧一直认为针对学生的数学教育对于政治革命来说是不可或缺的),而在于一个

---

① Alain Badiou, *Théorie du sujet* , Paris: Seuil, 1982, p.146.

断裂、一个事件,只有事件才能在凝固的意识形态的结晶体上
产生裂痕,让那遮蔽人们双眼的意识形态的帷幔撕开一道裂
缝。在那道裂缝里,真实的不可还原为观点的唯物主义的内
核将涌出,这就是事件,一个无法被任何意识形态和观念论消
化的事件。

　　这样,对于20世纪80年代的巴迪欧来说,他似乎重新找
到了通向真实的钥匙。这把钥匙不再是简单的哥德尔式的完
备性的数理逻辑的形式主义,而是事件。推动现实社会发生
革命性变化的东西,也不是在知识分子的大脑中勾画的完美
的形式主义轮廓,而是一个在任何意识形态和认识中都被认
定为不可能的事件真实发生之后,主体重新创造了真理程序,
从而让革命成为可能。在这里,巴迪欧抛弃了他早年十分珍
视的"模式"概念,也悬置了他用来反对阿尔都塞的"主体"理
论,而转向了更为实在的"事件"。在1985年出版的《我们能
思考政治吗?》一书中,巴迪欧已经开始将关注的角度从主体
转向了事件,他十分明确地指出:"事件在偶然性的自然中'发
生了',这正是一个位(site),从事件的位上,我们描绘出政治
的本质。而本质上的确定性(fermeté)依赖于突发事件的不定
性(précarité)。"[1]或许正是在这一刻,巴迪欧深深地感觉到,
不仅需要在文字上强调事件的重要性,强调事件的偶然性和

---

[1] Alain Badiou, *Peut-on penser la politique?*, Paris: Seuil, 1985, p.67.

不定性,更重要的是,发展出一种哲学的形式理论,来接近那个飘忽不定的事件。

二、事件的本体论

17世纪,法国人布莱士·帕斯卡(Blaise Pascal)在他的友人詹森教派领袖阿尔诺(Arnauld)被教皇英诺森十世界定为异端之后,写下了著名的《致外省人信札》。《致外省人信札》大致由十九封信组成,除了针对教皇和大公教会的一些政论性意见,帕斯卡花费了诸多笔墨来谈神恩和信仰问题。我们知道,帕斯卡是一位带有现代启蒙知识论色彩的数学家和物理学家,他16岁完成的《圆锥曲线论》构成了今天数学上的帕斯卡定律,他在物理学上关于大气压理论的贡献,让他的名字直接成为这个物理量的单位。然而,恰恰是这样一位对现代数学和物理学无比敬仰的科学家,写下了神学色彩浓厚的《致外省人信札》。这本《致外省人信札》的历史使命除了为他的好友阿尔诺的詹森教派辩护,更重要的一个主题是,解释究竟什么是信仰,或者用巴迪欧的话来说:"为什么这个心胸开阔的科学家,这个彻底的现代心灵会坚决地坚持认为,在后伽利略的理性时代中日薄西山的基督教,亦即奇迹教义仍然有正当

性?"①的确,帕斯卡面对的问题也正是 20 世纪 80 年代巴迪欧
面对的问题,为什么会有奇迹? 也就是说,为什么会存在着事
件? 如果我们当下的认识框架能够穷尽世界上的一切,那么
为什么上帝还为特殊神恩,即奇迹留下地盘? 事实上,对于巴
迪欧来说,帕斯卡对奇迹的坚持并不是阿甘本认为的"如何调
和特殊神恩(special providenc)与人的自由意志的关系"②的问
题,而是因为"奇迹——如同马拉美说的偶然——就是作为真
理来源的纯粹事件的标记。它的功能,是对证明的溢出,是对
其基础的确定和事实化,在那个基础上,诞生了对真理信仰的
可能性,也诞生了不能还原为纯粹知识对象(自然神论者对此
心满意足)的上帝。奇迹就是规律被打断的标志,在规律的断
裂处,介入能力得到宣示"③。

  巴迪欧基本上对帕斯卡的思想进行了重新解释,奇迹就
是偶然的事件。也就是说,奇迹之所以为奇迹,就是因为它无
法被还原为我们既定知识框架下的任何东西,它并非我们现
存的连贯性的知识体系中的必然性的东西。相反,在我们的
必然性知识框架下,奇迹被判定为不可能的。但是,巴迪欧与
帕斯卡不同的是,巴迪欧并不寄希望于信仰,即信仰一个全知

----

① 巴迪欧:《存在与事件》,蓝江译,南京大学出版社,2018,第 269 页。
② Giorgio Agamben, *The Kingdom and the Glory: For a Theological Genealogy of Economy and Government*, trans. Lorenzo Chiesa & Matteo Mandarini, Stanford: Stanford University Press, 2011, p.114.
③ 巴迪欧:《存在与事件》,蓝江译,南京大学出版社,2018,第 270 页。

全能的上帝。在之后的《世界的逻辑》一书中,巴迪欧曾十分明确地指出这种全知全能的上帝根本不存在,那么他所谈的是一种纯粹的偶然,一种在我们认识和感知世界之外的偶然性,一种尚未被我们的知识体系把握,并被认定为不可能的偶然性,这就是巴迪欧的事件。问题在于,我们是否可以找到一种形式方法,来表达出这种绝对不能还原为知识体系的事件?即便我们不能直接描绘出事件的性质和样态,我们是否可以找到一种数元①(mathème)尽可能地接近那个不可触摸的偶然性,用数学的方式,而不是用帕斯卡的信仰的方式,来接触我们知识范围之外的奇迹。

为了更简明地说明巴迪欧的事件哲学的原理②,我们可以从一个区分开始。存在帕斯卡的知识体系和奇迹,以及巴迪欧的必然性知识框架和绝对不可能的偶然事件之间的区别,实际上并不是说,存在着两个世界。巴迪欧回到了本体论,不过他的本体论回到了莱布尼茨的一个经典表述:"不是一个存

---

① mathème 是巴迪欧使用频率很高的一个词语,它不同于一般意义上的数学(mathématique),而是构成数学的最基本的原理,这个词源于古希腊,亚里士多德曾在《形而上学》中使用过这个词。但巴迪欧对这个词的使用明显不同于亚里士多德,在一定意义上,巴迪欧的数元更近似于列维-施特劳斯的神话素(mythème),也就是说,巴迪欧的数元概念是对列维-施特劳斯神话人类学的数学的挪用。

② 说明一下,巴迪欧实际上采用了非常复杂的数学方式来证明事件哲学的合理性。在这里,不便以完全是数学证明的方式来展开巴迪欧对事件的论证。其实,笔者已经在其他地方对这个问题作出了较为详细的说明,读者如果对巴迪欧的数学证明有兴趣,可以参看蓝江《忠实于事件本身:巴迪欧哲学思想导论》,北京师范大学出版社,2018。

在的东西不是一个存在(Ce qui n'est pas *un* être n'est pas un
être)。"这句话是什么意思呢？在法语的原始表达上,句子的
前半部分与后半部分的形式完全一样,唯一的区别在于斜体
的单词,前半部分的斜体单词是表示数量的"一"(*un*),而后半
部分的斜体单词是"存在"(*être*)。事实上,这句话潜在的意思
是说,在莱布尼茨那里,如果世界上的杂多之存在不能成为
"一个"存在,那么这些杂多的存在就"不存在"。实际上,巴迪
欧从莱布尼茨的表达中看到了世界的两个层面,一个层面是
以往不被哲学家重视的先于统一的一而存在的杂多
(multiple)的世界。这个世界没有任何概念,没有任何知识可
以将它们统一起来,在这个世界上,只有杂多的呈现(présence),
它们尚未进入知识领域,也没有被一个主体感知。那么,在巴
迪欧看来,其中最为关键的问题就是"一",这个"一"并不是原
先出现在这个世界上的,而是一个运算的结果,巴迪欧说:"多
是呈现的体制,相对于呈现而言,一是运算的结果;存在就是
展现(自身)的东西。在这个基础上,存在既不是一(因为只有
呈现本身才适于计数为一),也不是多(因为多仅仅是呈现的
体制)。"[1]由此可见,"一"实际上来自一种运算,即巴迪欧所
谓"计数为一"(compte pour un)的运算。通过这种运算,我们
对杂多进行归属和分类,从而将某些杂多计数为一,而某些杂

----

① 巴迪欧:《存在与事件》,蓝江译,南京大学出版社,2018,第35页。

多没有被计数。这种运算的结果是,如果被计数为一,该杂多就可以被运算认知,成为一个存在;相反,没有被计数为一的杂多,成为无法识别的存在。于是,在这个意义上,我们可以理解莱布尼茨的那句话的后半部分,如果一个杂多没有被一个"一"计数,即没有"一个"存在,那么这个杂多就不"存在"。

　　根据巴迪欧的解释,存在着两种体制,一种体制是杂多的呈现体制,即在计数为一之前的杂多,它们在那里存在着,这是它们最直接的在场。一方面这些杂多的流形不能被计数为一,因为"一"不存在;另一方面,它们彼此之间也难以区分,因为没有"一",也意味着缺少将它们区别开来的尺度(在巴迪欧那里,同一和差异属于同一种运算,即唯有建立了同一性函数之后,差异函数才会出现;反过来说,就是差异函数的区分建立在有着同一性函数的标准的基础上)。这样的杂多在一个情势(situation)下呈现,它是不连贯的(inconsistante),无法用"一"的计数运算来穿透所有的杂多。

　　另一种体制,我们可以称之为再现(représentation)。在这里,通过计数为一的运算,被计数的杂多变得可以辨识,成为结构中的一部分。在这个时候,杂多不再是杂多,而是带有计数属性的元素,例如一个苹果之所以叫一个苹果,是因为一个杂多具有了苹果的属性,我们在认识的过程中将其计数为一个苹果。拥有了这种计数为一的结构的情势不再是单纯的情势,而是"情势状态"(état de la situation)。在情势状态之下,所有被计数为一的杂多,都通过情势状态的结构被再现出来。这不是杂多的第一次呈现,而是经过人为的结构生产出来的再现。从此,杂多不再是纯粹的杂多,而是被贴上了计数为一的运算和属性函数的多。在这样的计数为一的结构下,整个情势状态表现为一个"连贯"(consistante)的多元(multiplicié)。我们可以看出巴迪欧在情势和情势状态之间做出的区分,在他看来,以往的哲学史往往关注的是后者,即将万物归结为一个统一的"一",殊不知这个统一的"一"并非世界的原初构成,而是一个计数为一运算出来的结果,一个冗余的产物。巴迪欧宣称,真正的本体论或者说"存在学说"的核心就是"不连贯的多",这个不连贯的多"摧毁了所有计数为一的效果,它忠实地相信一不存在,在不进行明确地命名的情况下,它展开了多的有序的游戏,这不过是呈现的绝对形式,这样,在这种模式中,存在在所有路径上规定了自身"①。根据巴迪欧的判断,我们可以将情势与情势状态、杂多的呈现和一的再现表示如下:

情势→杂多→呈现(原初存在的体制)
情势状态→一→再现(计数为一的结构)

———————————

① 巴迪欧:《存在与事件》,蓝江译,南京大学出版社,2018,第43页。

关键的问题在于，杂多呈现的情势与计数为一再现的情势状态之间不存在严格的一一对应关系，相反，两者的差距十分大。根据呈现和再现，我们可以将各种多分成三种不同类型：

（1）常规项（normalité）。这是最普通的类型，根据巴迪欧的定义，常规项意味着该多既在情势之中呈现，也在情势状态之中再现。比如刚才提到的苹果，一方面该苹果在真实的世界的情势中的确出场了，它就在那里，不容抹除；另一方面，当我们说那里有一个苹果的时候，我们已经对它进行计数了，亦即它同时进入我们这个世界中的计数为一的程序当中，成为在我们关于苹果概念的认识下再现出来的产物。常规项并不是巴迪欧最关心的内容，却是一般意义上的科学、语言学、形而上学等学科所关注的内容，作为计数为·的函数的词语与事物之间的严格对应性成为常规项的形式定义。

（2）独特项（singularité）。真实世界的杂多是悖谬性的不连贯的存在，无论在拉康那里，还是在巴迪欧那里，它们都不可能被连贯性的"一"穿透。这势必意味着，在真实世界中的杂多，必然存在着某种东西不会被计数为一的程序再现出来。所以，巴迪欧将这种在情势之中呈现，但并不被再现出来的项称为独特项。独特项也就是德勒兹经常说的奇点，一个不能被常规的连续性函数化约的点。比如说，桌子上的东西，当听到这个定义的时候，我们可以列举很多东西，如桌子上的本子、笔、纸张、手机等,我们似乎可以用这种穷尽的列举法将桌子上的东西都列举出来,从而使之完全符合"桌子上的东西"这个集合。但是问题是,我们列举完了吗?事实上桌子上还存在着某些东西,它们就在那里,但是没有被我们列入"桌子上的东西"这个集合。某些东西,比如说桌子上的灰尘、细菌等,这些杂多就在桌子上,但不会被我们计数为"桌子上的东西"这个集合中的元素。因此它们呈现了,但并没有被我们再现出来,它们在情势之中,但不在情势状态之中。换句话说,它们的存在构成了一种不定性,它"若鬼魅般萦绕在呈现周围"①。值得注意的是,无论是巴迪欧,还是德勒兹,都认为独特项(或奇点)是构成事件的前提。也正是情势之中存在的某种未被再现出来的独特性,为事件的发生提供了契机。也就是说,一旦在某种特殊的条件下,原来未被计数为一的独特项打破了计数为一的元结构的幻象,事件就发生了。

（3）赘余项(exroissance)。与独特项恰恰相反,赘余项一开始并不存在,它不是原本出现在杂多世界上的多,相反,它是因为计数为一的运算而产生出来的赘余。也就是说,它被情势状态下的计数为一的运算再现,但是并不在情势中呈现。譬如说,在常规项中,我们可以简单地计算一个苹果加上另一个苹果的结果,因为在计数为一的结构中,两个苹果都是常规

---

① 巴迪欧:《存在与事件》,蓝江译,南京大学出版社,2018,第121页。

项,它们的加法运算也是常规项的运算。但是,现在条件变化一下,一个苹果加上一个香蕉等于什么?这个结果,我们已经不能在常规项上来完成解答。为了给出答案,我们认为苹果和香蕉是可以相加的,那么我们必须发明一个新的概念,来囊括苹果和香蕉的概念。于是,我们可以创造出"水果"的概念,一个苹果加上一个香蕉等于两个水果。水果并没有严格意义上的呈现物,但是它在计数为一的框架下被再现出来,所以"水果"概念是一个赘余项,也是巴迪欧意义上的"亚多"(sous-multiple)。巴迪欧说:"这个'新'多,即一个亚多可以在结构的意义上形成一,因而事实上,它仅仅是一个项,一个被构成的项,一个被承认的项……另一方面,这些'新'多并没有形成一个一,结果,在一个情势中,它纯粹且完全是不存在的。"[①]总而言之,"水果"的概念并不是在情势之中,在一个苹果和一个香蕉之外添加了另一个存在,它的存在仅限于在计数为一的结构中,作为一个"新"多计数着苹果和香蕉。在这个意义上,"水果"并不存在于情势之中,而仅仅是在情势状态下被再现出来。赘余项的概念对于理解巴迪欧的事件哲学十分重要。如果说独特项是产生事件的前提,那么赘余项是事件之后的介入。对于这个问题,我们会在后面的部分给出更详细的说明。

---

① 巴迪欧:《存在与事件》,蓝江译,南京大学出版社,2018,第124页。

那么，究竟什么是事件，我们可以借用巴迪欧自己的一个例子来说明：

> 假设你有一个盘子，通常盛满了美味的水果，苹果、梨子、草莓、李子……你知道，这样的盘子引起了一种现实的欲望！可是，某一天，没有人知道为什么，这个盘子里的内容变得乱七八糟：在这些苹果、梨子、草莓或李子旁边，我们发现了一堆可怕的混杂，碎石子、蜗牛、烂泥巴、死青蛙和蓟草混合在一起。大家知道，这会引起一种秩序化的要求：要毫不迟疑地分离出好吃的东西和令人厌恶的东西。这是一个有关分类的问题。现在才是我的这个逻辑玩笑的真正开端：在这个变化之后，究竟哪些是盘子里的内容的正确部分？①

一般人习惯于将盘子里的东西分成两类：可以食用的水果和令人厌恶的东西。对于草莓，我们可以将其归类为水果；而对于死青蛙，则可以将其定义为令人厌恶的东西。但是，巴迪欧关心的不是水果集合或令人厌恶的东西的集合，而是一个这样的可能组合："该怎样来谈论两个苹果、三丛蓟草和三

---

① 巴迪欧：《哲学与政治之间谜一般的关系》，李佩纹译，中央编译出版社，2017，第40页。

块干泥巴构成的一个部分呢?"①这是一个十分有趣的问题,两个苹果、三丛蓟草和三块干泥巴组成的部分,既不是爽口的水果集合,也不是令人厌恶的东西的集合,而是一个混杂的多,一个根本无法命名的集合。这里出现的矛盾是,一方面,两个苹果、三丛蓟草和三块干泥巴组成的部分是一个实在的多,它在情势中是可能的,它是该情势下的独特项;另一方面,两个苹果、三丛蓟草和三块干泥巴组成的部分无法在情势状态下被命名,我们无法用"水果"或"令人厌恶的东西"这样的名称来称呼这个部分,在计数为一的运算程序中,两个苹果、三丛蓟草和三块干泥巴组成的部分是无法辨识的,甚至可以说它不构成一个独立的部分。这样,这个特殊的部分成为在情势中被呈现,但并不在情势状态下被再现的多,而这个多无法被再现,无法被相应的命名规则命名,所以在以往的本体论中,它不存在。

　　两个苹果、三丛蓟草和三块干泥巴组成的部分真的不存在吗? 巴迪欧认为这恰恰是事件哲学的关键所在。在既定的情势状态下,该部分无法被命名,也不能被辨识为一个具有属性的部分,因此,它不可能存在。但真正的问题是它的确存在着,只是它无法被原有的规则再现出来,这样的一个独特项,构成了巴迪欧意义上的事件位(site événementiel) 。事件只能

---

① 巴迪欧,《哲学与政治之间谜一般的关系》,李佩纹译,中央编译出版社,2017,第41 页。

发生在事件位上,而不会出现在常规项和赘余项上。但是具
有了事件位不一定会发生事件。在绝大多数情况下,事件位
是潜在的。例如在之前的例子中,两个苹果、三丛蓟草和三块
干泥巴构成的部分不可能被直接当作一个合理的部分,并从
此得到可以辨识的名称。但是,在常规状态下不能被命名,不
等于事件位永远不能被命名。我们现在假设,突然洒了一杯
水,而这杯水打湿的部分正好是两个苹果、三丛蓟草和三块干
泥巴,那么在水洒了这个事件上,我们看到了两个苹果、三丛
蓟草和三块干泥巴组成的部分在事件中突然获得了名称,即
它们构成了在事件中被打湿的部分组成的部分或集合。一个
不可能被命名的部分得到了可以辨识的名称,让原先不能被
再现出来的,且在情势中业已存在的多获得了计数为一的程
序上的存在,让其从不可能的存在变成了可以被再现的存在。
正如巴迪欧对马克思的《共产党宣言》的评价一样,《共产党宣
言》之所以成为一个事件,也正是因为在 1848 年革命之后,无
产阶级成为一个原先无法被命名的部分的名称,他们成为资
产阶级的掘墓人。

这样,我们可以将巴迪欧在《存在与事件》中的事件本体
论总结如下:

(1)事件总是发生在事件位上,事件位是一个独特项,它
在之前的情势中呈现,但并没有被计数为一的程序再现出来。

(2)在一般情况下,事件位并不直接呈现为事件,唯有在

特殊的现实条件下,某个偶然性的突发事件,让之前无法被命名的部分获得了名称,正如之前的例子中的"被水打湿的部分"和"无产阶级"一样。

(3)事件并不能直接被把握,我们只能在事件之后回溯事件的发生,而回溯的方式就是某个主体在事件之后对之前无法被命名的部分进行命名。主体对事件之后的新部分的命名意味着主体的干预,这种干预意味着去创造一个新的赘余的名称,这个名称也代表着真理程序的到来。巴迪欧说:"这样它确保了存在困境所在之处就是大主体让自己做出决定的地方,因为至少有一个多,从语言之中抽离出来,并要求忠实于一个被无概念命名的赘余所命名的名称。"①

三、事件的现象学

2006 年,巴迪欧出版了另一本大部头的著作《世界的逻辑》,有趣的是,他为这本书加上了一个副标题:《存在与事件2》。在《存在与事件》出版 18 年之后,巴迪欧为什么会以《存在与事件 2》为副标题出版《世界的逻辑》?《世界的逻辑》究竟与《存在与事件》有什么样的关联? 在这两本书之外,还有一个值得注意的地方。在 1988 年出版《存在与事件》之后,巴

---

① 巴迪欧:《存在与事件》,蓝江译,南京大学出版社,2018,第 531 页。

迪欧也意识到阅读这本大部头的著作有很高的门槛，不是什么人都能够明白他在证明事件的数学原理时所使用的各种集合论证明，尤其在"沉思35—36"中用科恩的力迫法来证明事件之后的主体理论，更是佶屈聱牙。所以，他在1989年出版了一本通俗的导引版，他为这本书所起的标题是《哲学宣言》（*Manifeste pour la philosophie*）。与之相对应，巴迪欧在2009年还出版了《第二哲学宣言》（*Second manifeste pour la philosophie*），这本《第二哲学宣言》的出版时间正好是《世界的逻辑》出版之后的第3年。如果可以把《哲学宣言》看成《存在与事件》的通俗版本，那么《第二哲学宣言》就是《世界的逻辑》的导读。那么"《哲学宣言》+《存在与事件》"与"《第二哲学宣言》+《世界的逻辑》"的配对，正好形成了20世纪80年代的巴迪欧和进入新世纪之后的巴迪欧思想的一个对照。那么，在21世纪最初的10年里，巴迪欧究竟为什么要对自己的理论做出一次修正，以至这次修正被加上了《存在与事件2》的名字？对于1988年《存在与事件》之后的巴迪欧哲学而言，"事件"无疑已经成为最核心的概念，那么，在《世界的逻辑》中，巴迪欧是否对事件的哲学原理进行了较大的修正？

在《世界的逻辑》的开头，巴迪欧十分清楚地阐明了《世界的逻辑》与《存在与事件》两本书之间的关联：

　　1988年的这本书是在纯多的层面上谈问题——这本

书确定了真理的本体论上的类型,并得出了激活这些真理的主体的抽象形式。而本书试图在"在那里存在"(être-là),或表象,或世界的层面上来谈问题。在这个方面,《世界的逻辑》同《存在与事件》之间的关系,好比黑格尔的《精神现象学》同《逻辑学》的关系,即便我跟黑格尔的年代顺序是反的:一本书是把握在那里存在的尺度,具体研究真理和主体的形象,而不是对存在形式的演绎性分析。①

　　巴迪欧在这里将《存在与事件》和《世界的逻辑》的关系比作黑格尔的《精神现象学》和《逻辑学》之间的关系,这一点十分有意思。对于黑格尔来说,《精神现象学》更切近对现实世界的表象,而《逻辑学》则是从更为抽象的层次上对辩证逻辑的一般规律的概括。不过,巴迪欧认为他自己的写作顺序恰恰与黑格尔相反,黑格尔采取的是一种上升式写作,从表象的现象学上升到形式的本体论;而巴迪欧先完成了形式上的本体论,再来触及现象学。在后来的一次访谈中,巴迪欧又一次明确了《世界的逻辑》与《存在与事件》之间的区别:"《存在

---

① Alain Badiou, *Logiques des mondes*, Paris: Seuil, 2006, p.16.

与事件》处理的是作为类性(générique)①的多的真理存在。而
《世界的逻辑》，我们谈到的是真实身体及其关系的逻辑问题，
尤其是真理的表象问题。"②这样，我们可以认为，在《存在与事
件》中，最核心的东西是形式化的类性真理，而《世界的逻辑》
关注的对象是表象世界和身体。如果说在《存在与事件》中，
巴迪欧旨在从数学原理上来为事件哲学找到一个本体论的根
基，那么在《世界的逻辑》中，巴迪欧则试图让这个形式化的逻
辑降临到大地上，面对我们现实世界中的诸多表象，让事件的
真理可以在这个世界上以身体的方式来道成肉身。

　　如何理解事件的表象？我们还是从巴迪欧列举的例子开
始吧。在《第二哲学宣言》中，巴迪欧曾经谈到两棵梧桐树的
例子：

---

① 类性是巴迪欧使用得十分频繁的一个概念，按照巴迪欧的说法，类性的概念借用
　自马克思的《1844年经济学哲学手稿》提供的"人的类本质"的概念，可以参看巴
　迪欧《哲学与政治之间谜一般的关系》，李佩纹译，中央编译出版社，2017，第45—
　46页。还需要说明的是，在巴迪欧这里，类性不等于普遍性(universal)，因为巴迪
　欧在《存在与事件》里就否定了存在着可以贯穿所有杂多的一的存在，所以也根本
　不存在普遍性的"一"。在《世界的逻辑》中，巴迪欧仍然坚持这个观点，否定了存
　在着黑格尔式的大全(ALL)，因此，带有所有存在物特征的普遍性实际上是不存
　在的。能存在的只是一种类性，类性就是最大程度上存在的部分的共有属性。在
　数学上，有一种运算叫作类性扩张(extension générique，也翻译为脱殊扩张)。但此
　处的确不能翻译为脱殊扩张，因为1988年之后的巴迪欧不再是那种强调普遍化形
　式数学的思想家，而是认为绝对大全的普遍性的一不存在，那么作为运算结果的
　类性，只能是某个情势状态下(《存在与事件》)或某个世界上的超验函数下(《世
　界的逻辑》)的最大共有属性，即类性。
② Alain Badiou & Fabien Tarby, *Philosophy and the Event*, Cambridge: Polity, 2013,
　p.107.

　　倘若我们放宽到世界的范阈之中,在两棵梧桐树之间的草坪上惬意地躺着的个体的视野里,看到蓝天映衬下的两棵树的叶子的边纹,或者它们的枝干的蜿蜒伸张,可以清晰地看到,两棵梧桐树的差异如其所是地表象出来;它们在本质上是不同的。①

　　事实上,这两棵梧桐树在本质上具有绝对的不同,任何一个人都能轻易地找出它们之间的区别,我们并不会将它们看成同一棵树。不过巴迪欧反过来问:如果现在有一位汽车司机,快速驾驶汽车从这两棵梧桐树旁边经过,对于这个司机来说,这两棵树是否还是不同的? 司机快速经过梧桐树的例子,说明了尽管他的驾驶行为并没有改变树在那里存在的本质,但是,这两棵树的差别实际上对他而言是没有意义的。对于一般的司机而言,这两棵树就是一样的,没有什么区别。这样,在梧桐树下惬意休憩的人和驾驶汽车快速通过的人,实际上并没有真正地改变树的本体论上的本质。但是,他们面对的结果是如此的不同,一方面,在梧桐树下休憩的人可以悠闲地端详两棵树的详细的区别;而开车经过的司机显然无此雅好,他更为关心的是他行驶的道路,而不是两棵树之间的差异。这个事例说明,事物之间的差异,并不是一个本体论问

---

① 巴迪欧:《第二哲学宣言》,蓝江译,南京大学出版社,2014,第70页。

题,而是在表象层次上的现象学问题。为了解释这个问题,巴迪欧特意发明了一个函数,我们可以称之为同一性函数,写作Id(x,y)。同一性函数的意义在于,判断两个在那里存在的存在物被视为同一的程度。我们假设 x 和 y 分别代表那两棵梧桐树,那么在这个世界上,存在着一种情势状态(在《世界的逻辑》一书中,巴迪欧用 T 来表示情势状态,不过他称之为超验函数),"T 为该世界的超验,指数就是一个同一性函数 Id(x,y)用来测度在 T 之中 x 和 y 之间'表象'同一性的值。换句话说,Id(x,y)= p 意味着在世界的表象上,x 和 y'在 p 值上是等同的'"①。这一点并不难理解,在 T 之中,我们总是比较 x 和 y 的关系,从而让 x 和 y 之间的同一性关系获得一定的值,即Id(x,y)= p。p 有一定的取值范围,当 p 取最小值的时候,即 p = μ 时,两棵梧桐树是完全不同的存在物。这就是躺在两棵梧桐树之间的草坪上休憩的人的视角,他可以发现两棵梧桐树之间的细致入微的差异,这些差异让他意识到,两棵梧桐树是本质上完全不同的存在。当然,p 可以取最大值 M。我们的视角瞬间转化为那个驾驶汽车从两棵梧桐树旁路过的司机的情形。尽管两棵梧桐树有着本质的不同,但是在这个司机眼里,两棵梧桐树基本上是一样的存在,它们之间"没有差别",没有差别即 p 取最大值。

_____

① Alain Badiou, *Logiques des mondes*, Paris: Seuil, 2006, p.206.

在所有的同一性函数中,有一个十分特殊的函数,这个函数代表着存在物的表象和存在物自身的同一性的程度。也就是说,在一个世界上,存在着超验函数 T,在 T 之下,我们进行着同一性运算 Id(x,x)。与梧桐树的例子不同,这里不再是两个不同存在物之间的同一性的值,而是单一存在物同自己的同一性,巴迪欧称之为实存函数,也就是 Ex = Id(x,x)。对于实存函数,巴迪欧有一个十分明确的定义:"已知一个世界和这个世界上的超验限定其值的表象函数,如果在世界上表象的存在物 x 被分配了一个超验上的自我同一性的值,我们便可以将这个存在物 x 称为'实存'。"[1]巴迪欧并不认为这是一种标准的数学,而是将实存函数称为"逻辑",而世界的逻辑的含义,也就是各个存在物在某个世界中的实存函数的取值。

与同一性函数 Id(x,y)一样,实存函数 Ex = p 也有一个取值范围。当 p 取最大值 M 的时候,该存在物是显著的,成为所有事物中最核心的存在,也就是说,任何人都关注着它。例如安徒生的《国王的新装》里那个裸体游行的国王就是一个 p 取最大值 M 的存在。尽管在童话的结尾部分,他的赤裸身体遭到了全城臣民的讥讽,但恰恰是这个特殊的存在物成为那个时间段上最显著的存在物,这也意味着任何人都看得见他,任何人都凝视的焦点也就是国王。如果 p 取最小值,即 p = μ 会

① Alain Badiou, *Logiques des mondes*, Paris: Seuil, 2006, p.220.

发生什么样的情况呢？与 $Id(x,y)=\mu$ 时的情况不同,因为同一性函数取值为零,意味着 x 和 y 两个存在物之间存在着绝对差异。但是实存函数 $Ex=\mu$ 并不是说存在物与自己绝对不同,而是说,尽管存在物存在,但是在超验函数 T 上,它完全没有表象出来。这个说法有点类似于《存在与事件》中的独特项,根据定义,独特项意味着在情势中呈现,但并没有在情势状态中再现,所以一个存在物在杂多的世界中存在,但无法在情势状态中被辨识,被认定为一个对象。在《世界的逻辑》中,巴迪欧没有继续使用这种说法,而是界定了一个新的概念:非实存(inexistant)。巴迪欧的说法是:"我们所说的'对象特有的非实存'是在实存上取最小值的多的一个元素。或者说一个表象物的元素,相对于这个表象物的超验指数而言,它在这个世界上是非实存的。"[1]举例来说,如一张凉席上的螨虫,在绝大多数情况下,它是非实存的,因为我们无法用肉眼感知到螨虫的存在。在初夏时节刚刚铺上凉席的时候,我们认为凉席是干净的,上面一尘不染,在这种情况下,螨虫的实存函数 Ex 取最小值 μ。但是真正的状况是,我们的身体一旦接触凉席表面,就会顿时出现一些红色的疹子,那么我们就会追问,如此干净的凉席上究竟有什么东西让我们的身体起了红疹子？通过相关的生物学和医学知识,我们才能了解,是一种看

---

[1] Alain Badiou, *Logiques des mondes*, Paris: Seuil, 2006, p.339.

不见的生物叮咬了我们的身体,从而让我们起了红疹子。这
是一个变化,在我们的身体出现红疹子之前,螨虫的实存函数
为 μ,在这个意义上,尽管螨虫存在着,但在我们的世界中,它
不存在。唯有当我们的身体起红疹子的时候,我们才意识到
螨虫的存在。所以,巴迪欧在这里的用词是十分准确的,Ex 取
最小值 μ,并不代表存在物的消失或死亡,而是非实存。非实
存并非本体论意义上的不存在,而是相对于某个世界的超验
函数 T 而言,非实存无法被表象出来,这意味着,所谓非实存
都是相对于某个世界的非实存。例如在 1918 年至 1950 年的
加拿大魁北克省的立法选举中,因纽特人(Inuit)和美洲原住
民(Native American)就是非实存。因为在这个时期,魁北克省
宣称他们实现的是普选制,因为 1918 年女性刚刚获得了投票
权,所有非因纽特人和非美洲原住民的公民获得了一人一票
的权利。在这个期间,魁北克的政府、媒体以及广大公民都认
为他们实现了百分之百的普选制。没有人意识到因纽特人和
美洲原住民被排斥在选举体系之外,他们成为这个体系下的
"非实存"。这并不是单纯的因纽特人和美洲原住民没有选举
权的问题,而是绝大多数的魁北克人根本没有意识到他们的
世界里还有这样一类权利主体存在。即使因纽特人和美洲原
住民每天与所有的其他魁北克人共享着同一个空间,但他们
的存在被视为非实存的存在。那么,对于魁北克人来说,并不
是他们"故意"制造了一个不平等的制度,刻意剥夺因纽特人

和美洲原住民的投票权,而是在一个认知框架之下,或者说在他们特有的超验函数 T 下,他们根本没有意识到还存在着这样一类群体:即便他们存在,所有其他的魁北克公民也对他们的存在视而不见。因此,巴迪欧说:"'美洲原住民'设定了一个存在物,毫无疑问(在本体论上)就是这个世界的存在物,但在表象逻辑上,它并不绝对地实存于这个世界。我们可以从美洲原住民绝不是魁北克人这个事实得出这一点,因为他们并没有政治权利,这种权利支配着魁北克世界中魁北克公民的表象,但是他们也不是绝对的非魁北克人,因为魁北克就是他们超验表象的位置。"①

在说清楚非实存的概念和特征之后,巴迪欧展开了他的事件现象学。在说明他的事件现象学之前,我们必须明确,非实存的几个重要特征。(1)非实存不等于不存在,非实存总是相对于某个世界的超验函数 T 而言的非实存,如果 T 不存在或者发生改变,非实存也会随之发生变化。(2)非实存逻辑的根本在于,其实存函数 Ex 取最小值 μ,只要非实存发生变化,不再是最小值 μ,它就不再是非实存。当然,非实存不仅仅可以取大于最小值 μ 的任何值 p,也可以取最大值 M。一旦非实存实现了从最小值 μ 向最大值 M 的变化,用巴迪欧的话来说,非实存就获得了最大的实存强度。(3)非实存从来不是恒定

① Alain Badiou, *Logiques des mondes*, Paris: Seuil, 2006, p.341.

的,我们的世界始终处在不断的变化之中,这种变化会为非实存的实存函数带来具体的取值,那么最关键的问题不是在某一刻上的实存函数的值,而是具体世界中的变化带来的实存对象的值的变化。

值得注意的是,我们不能简单地将任何变化都视为事件。在《存在与事件》中,巴迪欧的确谈到了变化,让不可辨识的部分得到命名,成为可以辨识的部分。但是在《世界的逻辑》中,巴迪欧对所有的变化进行了分类,他不再认为,任何变化都会成为事件;相反,在现实世界中,我们遇到的许多变化,实际上并不能成为事件。那么,巴迪欧究竟是如何对各种变化进行分类的呢?

(1)改进(modification)。对于巴迪欧来说,改进谈不上真正的变化。巴迪欧判断变化有两个重要的指标,一个是超验函数 T,另一个是实存函数 Ex。但是改进所发生的变化均不涉及这两个方面的变化。巴迪欧说:"一种变化是在规则中的强度的变化,这种变化在某个世界的超验中得以合法化。改进并非变化。或者更准确地说,它仅仅是超验上对变化的吸纳。"[1]也就是说,这种变化只是量的增殖,它并没有冲击到现有的超验 T,也不可能带来非实存向实存的变化。

(2)事实(fait)。事实变化开始涉及我们前文所谈到的

---

[1] Alain Badiou, *Logiques des mondes*, Paris: Seuil, 2006, p.379.

"位"(site)的概念。在《世界的逻辑》中,巴迪欧对位的概念进行了重新定义。位不仅仅是一个独特项,更重要的是,在表象世界里,"即将发生的事情,多以这种方式诉诸表象,即它参照自身,参照它自己的超验指数。简言之,多在它所表象出来的那个世界中扮演着双重角色"①。也就是说,作为非实存的对象,在位之上,存在着两个不同的参照系,一个是原先世界中的超验函数 T,但是,与此同时,这个对象也形成了相对于自身的超验指标,这个超验指标重新界定了这个非实存对象。在这个意义上,对象被双重化,它同时指向了两个超验函数,成为一个悖论性的存在,"我们将这样一个悖论性的存在物称为'位'"②。不过,即便如此,也不是所有的位都是事件,在所有的涉及位的变化中,最弱的是事实变化。根据定义,虽然这个位具有了新的超验指标,但是,这个超验指标没有让之前的非实存获得最大值,仅仅是让这个位(非实存)可以被看到,而之前的人对其存在视而不见。例如印度在 1947 年独立之后,就在法律上废除了不平等的种姓制度。但是这种废除,只是一种法律上的废除,它并没有真正改变低种姓人群的生存状态,唯一的收获是,低种姓人群可以在法律上被看见,但是种姓制度仍然在文化和心理上被保留下来。在具体的求职和管理上,种姓制度仍然在印度隐性地起着支配作用。例如现在

---

① Alain Badiou, *Logiques des mondes*, Paris: Seuil, 2006, p.380.
② Alain Badiou, *Logiques des mondes*, Paris: Seuil, 2006, p.380.

在印度投资的企业,发现不能雇用低种姓的人来管理高种姓的人,高种姓仍然在社会生活中保持着特权。这样,1947 年在法律上废除印度种姓制度产生的变化,就是一种事实变化,它仅仅是让低种姓的非实存可以在社会中被看见,它并没有超越支配着印度社会的种姓制度 T。

（3）弱奇点(singularité faible)。我们可以得出,如果一个非实存不仅获得了社会中的可见度(其实存函数在 T 上获得了相应的取值 p,p>μ),那么奇点是完全不同的存在。按照巴迪欧的定义,"奇点是一个位,其实存强度达到了最大值"[1]。不过,巴迪欧在这里仍然十分谨慎,不像在《存在与事件》中那么简单地宣称奇点或独特项就意味着事件。为了做出更清楚的区分,巴迪欧引入了第三个参照指标,即结果。在位上,非实存的实存函数获得了最大值 M,但并没有获得最大值的后果。例如,在 1830 年反抗波旁王朝的七月革命中,工人、手工业者、大学生走上街头,构筑堡垒,夺取武器库,甚至在 7 月 29日一度占领了卢浮宫和杜伊勒里宫,外省的起义也获得了空前的成功。受到起义的打击,查理十世被迫将王位让与波多尔公爵。可以说,在整个 1830 年 7 月,法国巴黎的工人和手工业者获得了最大实存值。他们走上街头,甚至攻占了重要的街垒,占据了宫殿,国王也宣布退位,在整个意义上七月革命

---

[1] Alain Badiou, *Logiques des mondes*, Paris: Seuil, 2006, p.393.

是成功的,它足以成为巴迪欧意义上的奇点。但是这个奇点又是一个弱奇点。不久之后,代表金融资产阶级的路易·菲利普驱逐了波尔多公爵,建立了臭名昭著的"七月王朝"(奥尔良王朝)。七月王朝并没有彻底改变波旁王朝留下来的不平等制度,人民仍然在封建神权政治、大贵族和新兴的金融资本主义的奴役下生活。七月革命虽然推翻了旧的统治,但是并没有在结果上形成新的统治,反而沦为代表金融资本主义的七月王朝改朝换代的工具。

(4)强奇点(singularité forte)或事件。与弱奇点相对立,强奇点不仅在一个具体时刻获得了巨大的实存值,而且在结果上保持了最大值的变化。也就是说,强奇点的变化不仅仅推翻了旧制度,也建立了新的体制。1871年的巴黎公社和1917年的俄国十月革命都是真正意义上的强奇点,即事件。在巴迪欧看来,真正的事件是极其稀少的,我们经历的往往是改进、事实变化、弱奇点。真正的事件,即那种在结果上对之前的超验函数T构成彻底否定的变化。在这个基础上,巴迪欧给出了他在《世界的逻辑》中对事件的定义:"已知一个位(由自我归属所标志的对象),它是一个奇点(尽管它如此短暂,如此转瞬即逝,但它的实存强度是最大值)。如果实存为最大值的位的(最大)值实现了其特有的非实存的(零)值的值,那么我们可以说这个位是一个'强奇点'或'事件'。"①相对于《存在与事件》中的事件定义,这个事件定义是一个更为谨慎的定义,它不仅将自己与普通的生成变化区别开来,也与事实和弱奇点区别开来。这样,真正的事件不仅仅要求让非实存获得最大的实存值,更需要保持一个长期的结果。

对于巴迪欧的四种变化,我们可以用下图来表示它们之间的关系:

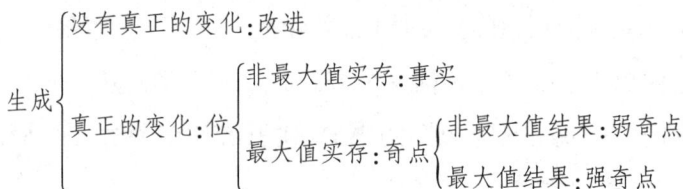

生成 ⎰ 没有真正的变化:改进
　　 ⎱ 真正的变化:位 ⎰ 非最大值实存:事实
　　　　　　　　　　　 ⎱ 最大值实存:奇点 ⎰ 非最大值结果:弱奇点
　　　　　　　　　　　　　　　　　　　　 ⎱ 最大值结果:强奇点

四、事件与真理程序

> 哲学家们只是用不同的方式解释世界,而问题在于改变世界。
>
> ——马克思《关于费尔巴哈的提纲》

如前所述,巴迪欧关心事件问题,并以事件概念为核心构建了一整套事件哲学的体系,包括事件的本体论和现象学,其

---

① Alain Badiou, *Logiques des mondes*, Paris: Seuil, 2006, p.398.

目的并不是建构一个以事件为基底的形而上学的大厦。从
《主体理论》和《我们能思考政治吗?》开始,巴迪欧的哲学思考
就带有浓厚的对现实世界和政治的关怀。在《主体理论》中,
巴迪欧曾言明:"所有的主体都是政治的主体。"①而《我们能
思考政治吗?》也试图从事件角度来思考如何改变世界的问
题。巴迪欧说:"有生命力的马克思主义就是要通过事件,第
一次在历史上,通过将工人和农民武装起来、组织起来,真正
地打败反动派,真正地摧毁反动军队和国家机器,而这些国家
机器就是旧压迫的具体体现。"②由此可见,巴迪欧的志向绝不
是像黑格尔那样去建构一个事件的形而上学。从一开始巴迪
欧的志向就是马克思式的志向,他思考如何通过一个概念或
范畴,达到改变世界的目的。

那么,如何通过事件来改变世界? 我们需要注意的是,与
其说巴迪欧关注的是事件本身,不如说他关注的是事件之后
的真理程序的构建。巴迪欧在这里使用了萨特曾经举过的一
个例子。有一群人在等公交车,这群人里面,有两名学生、一
名家庭主妇、一名上班的白领、三名忙着赶火车的旅人。他们
彼此之间并不相识,在车站之外,他们不可能按照他们各自的
属性(被情势状态或超验函数 T 分配的属性)来组合成团体。
如果公交车按照 15 分钟一班的正常班次来了,他们各自上

---

① Alain Badiou, *Théorie du sujet*, Paris: Seuil, 1982, p.46.

② Alain Badiou, *Peut-on penser la politique?*, Paris: Seuil, 1985, p.27.

车、下车,各奔前程,他们就是一个离散(disparate)的组合,随缘而聚,也随风而散。但是,今天的状况有点不一样,平常15分钟一班的公交车3个小时也没有来。公交站里的乘客们开始焦躁不安,他们共同声讨着公交车的调度,无论他们是什么身份,在此时此刻,他们都对公交车迟迟不来感到不满。在这种情绪下,他们实际上成为一个不可辨识的组合(就像前文中的两个苹果、三丛蓟草和三块干泥巴的组合一样)。两名学生、一名家庭主妇、一名上班的白领、三名忙着赶火车的旅人之所以能构成一个部分,完全是因为公交车3个小时都没有来。他们决定一起向公交公司申诉,并写下了一封申诉信,所有在场的人(两名学生、一名家庭主妇、一名上班的白领、三名忙着赶火车的旅人)全部签上了自己的名字,一封申诉信成为一个临时组成的团体存在的直接证据。关键在于,这个团休是　个之前根本不存在,也无法被常规的超验函数辨识的团体。这个团体的存在就好比在水洒了的事件中,被打湿的两个苹果、三丛蓟草和三块干泥巴的部分一样,他们的产生直接依赖于事件。① 这种组织形式,被萨特称为"熔合"(fusionne)。巴迪欧说:"那些彼此分化、分散的社会整体下的赢弱的人是如何突然成为一个积极的统一体的,在那里,人们彼此都相互了解……这时,熔合的要素已经开始浮现出来。分散的统一

---

① 这个事件是《存在与事件》中的事件,而不是《世界的逻辑》中的事件,它不是强奇点,顶多只能算是事实变化。

被实践为一种内在化的统一:我们开始同他者讲话,因为他人和我一样,发现他们的等待也是无法忍受的。"①熔合是一种特殊的组织化模式,它不同于按照身份或血缘关系等带有既定分配属性的方式组成的组织,也不同于基督教那样按照启示的方式组合成的组织。这是一种纯粹的偶然性的组织,代表着不可能的可能,让"没有关系的关系"组成了清晰可辨的关系。

但是,问题还没有结束。如果等车的一群人,在申诉后得到了公交公司的肯定答复,并得到补偿,他们会就此散去。尽管在等候3个小时公交车仍然不来的时候,他们临时组成了一个部分。这个部分在原有的世界上是不可辨识的,其实存函数的值为最小值 μ,但是在联合写申诉信的时候,这个临时组成的部分获得了实存值,但这个实存值不是最大值。在这个意义上,萨特的等候公交车的例子形成的组合只能算是一种事实变化。在这个例子中,事件和临时组成的部分的存在痕迹仅仅是那一封提交给公交公司的申诉信,如果没有这封申诉信,相当于什么也没有发生。在他们各自散去之后,他们的组合仍然是不可辨识的,他们仍然是一个不可能的部分。

所以,在萨特的熔合组织之外,巴迪欧加上了另一个概念:组织化(organisation)。与一些强调非党派运动的左翼不

---

① 巴迪欧:《小万神殿》,蓝江译,南京大学出版社,2014,第24—25页。

同,巴迪欧始终强调组织化的部分在摧毁旧体制中的作用。在《世界的逻辑》中,巴迪欧强调在事实性的事件发生之后,为了获得强奇点,必须将离散的力量组织成一个强大的组织,来抵抗反抗势力的反扑。① 如果革命的力量不能凝聚为强有力的组织,形成强大的合力,那么他们随时可以被反动势力和蒙昧势力消灭,事件也因此遭到扼杀。为了获得强有力的革命力量,巴迪欧反对无政府主义的革命态度(无政府主义总是期望以离散的个体的自治力量,来抵抗旧体制和压迫,《V 字仇杀队》的 V 成为他们的象征,但在巴迪欧看来,这种离散的英雄主义式的反抗,面对武装到牙齿的旧体制,无异于以卵击石),主张用党派(partie)或先锋队(détachment)的方式来赋予新生的组织以力量。在谈到斯巴达克斯起义时,巴迪欧谈道:

> 斯巴达克斯领导由奴隶组成的一支特殊的军事先遣队(détachment)去面对罗马骑兵。这就是我们说身体的要素就是合体(incorporé)到事件性的当下之中的东西的原因。例如,如果我们认为,某个奴隶逃走,就是为了加入斯巴达克斯的军队,这一点就会十分明显。因此,从经

---

① 在《存在与事件》中,巴迪欧并没有关注反动主体的问题,认为事件发生之后,自然而然就会形成主体和翻天覆地的变化。在《世界的逻辑》中,巴迪欧修正了这一看法。事件位上产生了溢出,即独特性或奇点出现,这一定代表着事件的发生。因为在事件中,不仅产生了忠实于事件的革命主体,也产生了扑灭事件的反动主体和蒙昧主体,革命主体与后两者是一种斗争关系。

验角度来说,他所加入的就是军队。但是从主观角度而言,这是对一个闻所未闻的可能性的在当下的实现。在这个意义上,事实上他加入了当下,通过加入一个新的当下,这个逃奴让自己与这个新的当下合体了。很明显,这里的身体是主体化的身体,在某种程度上,它从属于可能性上的新(陈述"我们是奴隶,我们想要回家")。这等于是让身体服从于事件的痕迹,但仅仅是在与当下的合体的角度上服从,这可以理解为各种结果的产生:逃奴在数量上越多,斯巴达克斯-主体就扩张得越大,类型上的改变也就越快,他们也就越有能力处置更多的点。①

我们可以这样来看,如果斯巴达克斯仅仅是为了反抗他的主人巴蒂塔斯的残暴,那么他率领角斗士们杀死巴蒂塔斯全家的行为就不是一个事件。斯巴达克斯之所以成为事件,一方面是因为他给予了活动名字,通过口号"我们是奴隶,我们想要回家"将杀死巴蒂塔斯的行为界定为奴隶或角斗士的起义,那么,这次屠戮并不是罗马共和国尾声上的一起不起眼的骚乱,而是被后世界定为动摇奴隶制罗马共和国根基的斯巴达克斯奴隶起义;另一方面,也是巴迪欧更为看重的方面,因为这场运动,不仅有名义("我们是奴隶,我们想要回家"),

---

① Alain Badiou, *Logiques des mondes,* Paris: Seuil, 2006, p.60.

也有一个身体(corps)，这个身体就是以角斗士为核心的先遣队，即奴隶军队。后来逃亡的奴隶并不是散去，而是加入了这个身体，成为奴隶起义军的主力。也只有这样的先遣队，才能让统治者感到后怕，不得不让前三头同盟的元老克拉苏率领罗马正规部队来与之决战。

　　我们可以做一个简单的总结：对于巴迪欧来说，重要的不是某个断裂性事件的发生，而是事件之后的操作。这个操作分为两个部分：(1)事件之后的对事件的命名，这就是巴迪欧《存在与事件》在前面70%的篇幅做了巨大铺垫之后，试图在"沉思35—36"中得出的结论。事件的命名让一个原本无法辨识和无法命名的多，通过主体的力迫(forçage)的介入，给予事件一个名字，从而让它可以在新的情势状态下被辨识、被决定。(2)事件之后的身体构成。命名只是问题的一方面，巴迪欧意识到，要让事件亘古长存，就必须建立忠实于事件的身体，这就是在"命名"或"口号"之下的组织化的身体。每一个忠实于事件的主体都合体(incorporé)于这个身体，这个身体是新情势状态或新的超验函数T′的保障，也是改变世界的保障。这样，在《世界的逻辑》中，巴迪欧完成了事件—命名—身体的三位一体，这个三位一体对应于拉康的真实界—象征界—想象界的三位一体。巴迪欧也借此批判了被他称为民主唯物主义的那些后现代主义者。因为在他看来，那些民主唯物主义者认为只有语言和身体，但巴迪欧根据自己的事件—命名—

身体的三位一体,将民主唯物主义的口号变成了"除了语言和身体,还存在着真理"①。

不过,巴迪欧的真理并不是黑格尔那样的大全式真理,他给出的真理(vérités)是复数的。这意味着,真理并不是主宰着万物运行的第一推动力或终极观念,而是拉康的真实界(le réel)在我们这个世界上道成肉身。换句话说,巴迪欧所看到的不是大写的真理(Vérité),而是一系列的真理程序(procédures des vérités)。在巴迪欧那里,真理程序是真正思考传统秩序的利器,不过,和主体一样,真理程序是十分稀缺的。巴迪欧说,迄今为止,他只找到了四种真理程序:科学、政治、艺术和爱。这也是巴迪欧的事件哲学中最具有争议的地方。关于这一点,还有一个疑问。巴迪欧一直声称自己是研究哲学的,并撰写了《哲学宣言》和《第二哲学宣言》,难道哲学就不能产生真正的事件,不能带来走向真实的真理程序吗?

对于这个问题,巴迪欧认为,哲学不是第一位的,它类似于一种计数为一的运算。哲学的产生,需要一定的前提,这个前提就是真正意义上的事件,即在科学、政治、艺术和爱的事件之后,哲学需要对事件所撕开的裂缝进行缝合,让之前不可能成为关系的关系,变成真正的关系。于是,哲学意味着:(1)哲学总是发生在事件之后,真正的哲学的诞生(与意识形态的

① Alain Badiou, *Logiques des mondes*, Paris: Seuil, 2006, p.12.

哲学相区别)总是忠实于事件之中产生的新事物,并对这个新事物进行命名。(2)哲学本身并不生产真理,它只是在事件之后,带来了一种新运算,而这新的运算就是忠实于事件的运算。(3)正因为如此,哲学本身不是存在如其所是地呈现,而是一种再现,真正的事件之后一定有真正的哲学诞生,真正的哲学打破了之前的情势状态,让之前无法辨识和理解的部分十分显著地(或者说其实存函数取最大值 M)再现出来。由此可见,哲学是一种操作,是将之前的一个空的名称(空集∅)与没有关系的关系结合起来的运算,即将一个空集的赘余项和一个溢出的独特项结合起来的运算。用巴迪欧自己的话来说:"哲学是思想的场所,在那里,哲学说出了'存在'真理,并声称诸多真理具有共存的可能性。为了这个目的,其构建了一个操作性的范畴,即大真理,它开启了思想之中积极活跃的空。"[1]与之相反,不能从真正的事件(巴迪欧所说的四个真理程序、四个前提:科学、政治、艺术、爱)出发来谈哲学的话语,都是一种新的智术,即一种现代意义上的诡辩术。因为这些现代智术认为"那里没有真理,只有阐释的技术和陈述"[2]。巴迪欧则与他们恰恰相反,在巴迪欧看来,没有四个前提的哲

---

[1] 巴迪欧:《哲学宣言》,蓝江译,南京大学出版社,2014,第 115 页。
[2] 巴迪欧:《哲学宣言》,蓝江译,南京大学出版社,2014,第 106 页。

学,都只能是无源之水、无根之木,维特根斯坦们①在玩弄着花哨的语言游戏,但真正的哲学需要的是对真理和事件的尊重,更是要以四种真理为前提。所以,我们需要分别来看看这四种真理程序:

1.科学。更准确地说,巴迪欧关注的是科学中的数学问题,在《存在与事件》和《世界的逻辑》中,甚至在刚刚出版的《真理的内在性:存在与事件 3》(*The Immanence of Truths: Being and Event* Ⅲ)中,一旦谈到科学,巴迪欧给出的例子基本上都是数学。巴迪欧基本上没有谈到过物理学、化学、生物学等方面的进展,但它更多集中于数学史上的一些特殊例子。如他经常会谈到法国的数学天才伽罗瓦(Galois),这位 20 岁时就死于一场决斗的数学家,认识到对于五次以上的方程无法给出公式解,从而发展出用排列来解决高次方程的方法,这一思路成为后来群论的开端。巴迪欧对伽罗瓦的评价很高:"排列理论,对于高高在上的柯西(Cauchy)来说,仍然是一个具体运算,而对于伽罗瓦来说,却变成形式革命的标志。在排列的标志下,整个代数概念的集合十分鲜明地被聚集在一起,形成了一个新的学说。"②同样,巴迪欧也多次指出黎曼几何的

---

① 巴迪欧对维特根斯坦的评价基本上是负面的,他认为维特根斯坦就是当代智术师的代表,巴迪欧曾说:"维特根斯坦没有像圣奥古斯丁那样重塑教会,也没有像马拉美那样重塑诗歌。在他的可怜的存在之外,所有足以见证他的行动的,只是其消极的准备。"参见巴迪欧《维特根斯坦的反哲学》,漓江出版社,2015,第 94 页。

② Alain Badiou, *Logiques des mondes,* Paris: Seuil, 2006, p.483.

出现是对传统的欧几里得几何的一次颠覆,从而开拓了几何学的领域。在欧几里得几何中,一个不可动摇的公理是:"两点之间线段距离最短。"但是黎曼几何和俄罗斯数学家罗巴切夫斯基认为可能存在另一种情况,即在非均质的平面中,两点之间未必线段距离最短。也正是因为如此,黎曼几何是一种非欧几何,也被称为"椭圆几何"或"曲面几何"。伽罗瓦和黎曼等数学家创造了科学上的事件,而以他们名字命名的"伽罗瓦理论"和"黎曼几何"已经成为验证数学上事件发生的命名和身体,这就是科学上的真理程序。

2.政治。巴迪欧一直反对新自由主义的政治哲学,因为这种政治哲学是以每一个人的既定身份建立起来的,即通过将现实中的人还原为男性或女性、黑人或白人、异性恋或同性恋等建构起来的。巴迪欧提出了自己的"元政治"(métapolitique)的概念,其中最深刻的含义就是,政治不应该是以现有的既定身份建构起来的概念来实现的,而是在事件中实现的。事件打破了原来政治身份的划分,政治身份只有两种,即忠实于事件的革命者和削弱、压制事件的反动派。革命者阵营可以囊括各种性别、各种种族、各种民族等,因为在革命的那一刻,原先的那些划分都不再重要。例如在1911年10月10日的武昌首义过程中,新兵工程营第八营战士金兆龙开枪打死排长陶启胜的事件,如果仅仅是停留在诸新兵营之内,在历史上顶多只是一场兵乱。而10月11日下午汤化龙在湖北咨议局上的一句"现在武昌起义,各省还无所知,须先通电各省,吁请一致响应,革命大功才能告成"①开始准确地将10月10日晚发生的事件界定为"武昌起义"。武昌起义随后得到了南方诸省革命力量的支持。11日下午,黎元洪被推举为大都督,而同盟会的重要成员黄兴抵汉督师,更让这场活动变成了彪炳史册的武昌首义。在政治运动和革命中,每一个个体的具体身份都被悬置了。在参与革命时,无论是工程营的新兵,还是清军的协统(黎元洪),抑或旧咨议局的参议,还有无数的商贩、市民、士绅、农民,他们都合体于这场轰轰烈烈的革命运动中,成为历史上的政治事件的参与者和见证者。

　　3.艺术。和在科学中仅仅谈数学的贡献相比,巴迪欧在艺术上的讨论则不那么贫乏。他可以谈几万年前的肖维洞穴的壁画,可以谈丁托列托、籍里柯和马列维奇的绘画,也可以谈勋伯格和韦伯恩的序列音乐,还有格里菲斯、茂瑙、爱森斯坦的电影。不过在艺术中,巴迪欧也有一定的侧重,比如他赋予了戏剧和诗歌更高的地位,瓦格纳的歌剧、布莱希特的戏剧、贝克特的荒诞戏剧都是巴迪欧经常用到的案例;而在诗歌方面,他十分熟悉兰波、马拉美、佩索阿、曼德尔斯塔姆、保罗·策兰、瓦雷里、洛特雷阿蒙等人的作品,诗歌成为他论证其哲学思想的重要渊源。相对于科学,艺术中的事件更为频繁。

---

① 贺觉非、冯天瑜:《辛亥武昌首义史》,武汉大学出版社,2006,第209页。

例如在《世界的逻辑》中，巴迪欧在谈完主体问题之后，专门用了一个长篇的附录来谈论勋伯格、布列兹和韦伯恩等人的序列音乐在音乐史上的贡献。巴迪欧说："新的音乐空间必须通过一个选择来强制性地施加于自身：要么一个史无前例的音乐上的效果，让你信服这是一个创造性的事件，这个事件就是让主体走向那沉默边缘的东西；要么我们不可能把握其结构的连贯性，认为一切都是散落的——仿佛没有文本、只有标点符号存在的东西一样。贝尔格是颇有灵气的与开放的旧世界媾和的人，这就是他在三个维也纳人中'最受欢迎'的原因。他也是能在特别不纯粹的歌剧领域来演奏这种新音乐的人。而韦伯恩的兴趣在于附点，在平缓中力迫那种将自己展现为绝对封闭的东西，一种不可逆的抉择。前者在一种眩晕游戏的伪装下，将自己合体于'序列音乐'，是一种富有想象力的处理方式；而后者反而体现在一个玄妙莫测的抉择之中。"[1]巴迪欧将贝尔格和韦伯恩的音乐区分开来。尽管他们都处于勋伯格的序列音乐事件之后，但是贝尔格试图将序列音乐的事件还原为旧的音乐秩序，即"与旧世界的媾和"。在这个意义上，贝尔格就是巴迪欧所命名的反动主体。韦伯恩则不同，他走向了序列音乐中更为玄妙的东西，所以，韦伯恩才是勋伯格复调音乐和序列音乐事件的忠实主体。

---

① Alain Badiou, *Logiques des mondes*, Paris: Seuil, 2006, p.93.

4.爱。在巴迪欧对真理程序的讨论中,最令人琢磨不透的就是他坚持将爱当作事件的真理程序之一。或许,坚持谈爱的问题,与巴迪欧所接受的拉康的精神分析有关。但更重要的是,他关于爱的论证是集合论式的。他多次将爱的真理称为"大写的二"(Deux)的真理。什么是大写的二? 我们可以简单解释一下,在爱的邂逅或爱的事件之前,大写的二是一个空集,没有形成两个元素组成的集合,即便有这个集合,在原有的情势状态下,它也是不可辨识的。两个元素之前分属于不同的集合,比如一个属于男人集合,一个属于女人集合①;一个属于主人集合,一个属于奴仆集合;一个属于凯普莱特家族,一个属于蒙太古家族。但是爱的事件将原先不可能的结合变成了可能。罗密欧所属的蒙太古家族与朱丽叶所属的凯普莱特家族是世仇,两个家族不可能联姻。而罗密欧和朱丽叶的结合打破了这种不可能的关系,让罗密欧和朱丽叶成为一个新的集合,一个大写的二,从而成为浪漫爱情的典范,也成就了莎士比亚的这部名剧。同样,梁山伯与祝英台、牛郎织女之所以成为千古流传的故事,也正是因为这样的"和"或"与"的格式本身就代表着巴迪欧意义上的大写的二。所以巴迪欧强调说:"爱的作品中有大写的二:交叉、混合和关联后,

---

① 必须指出的是,巴迪欧对爱的问题的讨论,更多地集中于异性恋,并不涉及 LGBTQ 的情况,也正是因为这一点,巴迪欧的爱的理论,曾经遭到法国的 LGBTQ 团体的批判。

两个命运搭结在其中,在共同世界里结合成大写的二。"①这种大写的二在爱情之中成为亘古流传的诗篇。在 1959 年小提琴演奏家俞丽拿用一首小提琴协奏曲演奏何占豪、陈钢谱曲的《梁祝》时,我们仿佛看到两只翩翩起舞的蝴蝶在咏唱着千古的神话,梁祝的名字在大写的二中永恒地在一起。

　　四种真理程序,让主体可以通过回溯的方式追溯那个曾经发生的事件。事件之后,科学、政治、艺术、爱,它们都有一个共同特征,在事件中创造了之前不可能的关系,并给予了这个关系名字和身体。在科学中,我们记住了黎曼几何,它成为非欧几何的代表;在政治中,我们记住了巴黎公社和十月革命,一个被命名为社会主义的制度在大地上出现了;在艺术中,我们聆听到了序列音乐所开启的玄妙空间;在爱之中,我们品味到了梁祝的绝唱。哲学,不断地在思想范围内再现出这些事件性的结果,而哲学主体所需要做的,就是忠实于事件本身,去相信一个未来的无限景象是可能的,它终有一日会在人类的视界上冉冉升起。

---

① 巴迪欧:《爱的多重奏》,邓刚译,华东师范大学出版社,2012,第 3 页。

第五章 齐泽克：视差之见下的事件

　　齐泽克的事件理论秉承拉康的精神分析学说，认为以大他者为中心的象征界介入实在界的时候，不仅生成了被象征秩序询唤的主体，也将生命、欲望、力比多一分为二，被阉割掉的部分被称为主体永远失却的对象 a。在齐泽克那里，对象 a 成为实在界被象征化之后的剩余物，证明了主体不可能完全被象征秩序的意识形态消化，而对象 a 的存在成为事件发生的原点，它让象征秩序的崩溃成为可能。不过，仅有对象 a 不足以触动既定的象征秩序。如果让事件成为可能，必须形成另一个象征化过程，让不可能被感知和言说的对象 a，在新的象征秩序下呈现出来，从而形成不同视角下的视差之见。这样，真正的事件的发生，依赖于新观念的发明，依赖于新原则的诞生，让不可消化的剩余物在新原则中得以出现。也只有在那一刻,我们才能说诞生了新的普遍性,以及诞生了新的事件。

2020年克里斯托弗·诺兰带来的新作《信条》再一次向我们展现了这位鬼才导演的奇思妙想。不过,我们在这里更为关心的并不是作为电影中核心装置的逆转机导致的负时间和正时间相互作用的机制,以及在最后利用逆转机对萨托尔的毁灭装置施行的钳形战术;而是在影片的开头,在主角还是一个CIA特工的时候,他由于乌克兰歌剧院恐怖袭击事件而被乌克兰安全部队抓获,在面对对方的拷问时,他吞下了自己同事手中剩下的药丸,选择自杀。然而,这枚银色的药丸并未将主角带向天国。在一艘渡轮上,他被告知成为"信条"组织的成员,并同时了解了逆转机的事情。似乎一切的改变,都源自那枚银色的药丸。

药丸的设定,实际上也在沃卓斯基姐妹的《黑客帝国》中出现了。当主角尼奥被带到墨菲斯面前时,墨菲斯提供给尼奥的也是两枚药丸,一枚红色,一枚蓝色。按照影片的设定,吃下了蓝色的药丸,什么事情也不会发生;但是尼奥一旦吃下红色的药丸,便会从这个虚拟世界中退出,回到一个所谓真实的世界。"他看到的是一个破败不堪的景象,一个狼藉一片的废墟,即全球大战后残垣断壁的芝加哥。反军领袖墨菲斯语

含讥讽地向他致意:'欢迎来到实在界这个大荒漠!'"①事实
上,我们设想一下如果尼奥吃下了蓝色药丸,情况会更有趣。
尽管红色药丸的力量在于立即将主角尼奥从虚拟世界拽回荒
漠般的现实世界中来,这也是电影观众所渴望看到的效果。
但是,如果尼奥吃下的是蓝色药丸,真的什么也不会发生吗?
吞下蓝色药丸的尼奥在返回虚拟世界之后,真的会像往常一
样过着他那庸俗乏味的日常生活吗? 问题的关键是,墨菲斯
在尼奥面前摆出蓝色药丸和红色药丸的时候,尼奥已经丧失
了回到他原来的日常生活的可能性,他日常生活的轨迹在他
看到两颗药丸的时候已经被打破,即便他吞下的是什么也不
会改变的蓝色药丸——墨菲斯的话和药丸已经在尼奥心中形
成了抹不去的痕迹。在日后浑浑噩噩的生活当中,选择药丸
的画面会始终在他脑海里浮现。也就是说,他已经被植入
(inscripted)一种观念(notion),也正是这种观念让他无法回到
过去的日常生活,即便他的身体仍然如同过去一样在那个逼
仄的虚拟空间里蠕动着。那么,这里产生了一个有趣的问题。
在大多数人看来,只有尼奥吞下红色药丸回到真实世界才算
是事件。然而,现在多出了墨菲斯摆出两颗药丸的剩余效应,
蓝色药丸实际上也是事件。它是拉康意义上的阉割事件,就
像妈妈警告一个小孩不要触摸电线一样,即便那个小孩不会

---

① 齐泽克:《欢迎来到实在界这个大荒漠》,季广茂译,译林出版社,2012,第14页。

去摸电线,但每次经过电线的时候,他都会忍不住望向那根被妈妈警告不要触摸的电线。由于妈妈的警告,原来没有被小孩问题化的电线作为一个被阉割的观念事件性地植入小孩的头脑中。从此之后,小孩子在想象世界中建立起与那根不允许触摸的电线的关联,甚至这根电线会在小孩的梦境中出现。同样,尼奥在想象世界中已经与两颗药丸的画面永恒地衔接在一起,即便他没能吞下红色药丸,事件依然在他那里留下了不可磨灭的痕迹。

和《信条》一样,实际上,真正的事件并不是发生在主角吞下药丸的那一刻,药丸只是一个标记,而非事件发生的动因。换言之,在两位主角吞下药丸的那一刻,事件已经发生,并向我们展现了它那不可磨灭的痕迹。然而,无论是《信条》中的银色药丸,还是墨菲斯手中的蓝色药丸和红色药丸,它们似乎都在向我们宣告一个事实:事件已经发生!

一、认知倒错和语无伦次:事件的分叉点

齐泽克十分喜欢谈侦探小说,因为侦探小说不仅仅给我们设下了一个个谜题,等待读者去一一破解,更重要的是,侦探小说实际上存在着双重架构。首先,存在着一种作者为了保障整个推理案情的前后一致性而建构起来的连贯的前后的因果联系。正如柯南·道尔借福尔摩斯之口给出了侦探小说

的公理:"一个逻辑家可以由一滴水推断出大西洋或尼亚加拉大瀑布的存在,即使他没有亲眼所见,也没有听说过。生活就是一条巨大的链条,只要看见其中的一环,便可以推想出整条链条的本质。"①在柯南·道尔、阿加莎·克里斯蒂、爱伦·坡等经典侦探小说作家那里,甚至在齐泽克十分欣赏的希区柯克的电影中,侦探故事整个显在的链条表现为福尔摩斯口中的演绎法的逻辑严密性,即整个事件呈现为从动机到行为,再到侦探侦破案件的合理性。一部好的侦探小说,不能在整个链条中存在逻辑上的歧义。也就是说,这种逻辑上的连贯性和严密性无论对于作者,还是对于拿起小说阅读的读者来说都是一致的,不存在任何分别。在最极端的侦探小说类型,如埃勒里·奎因的侦探小说里,作者会给出一个挑战。两位鬼才兄弟作家会在挑战里说明,他们已经将最重要的信息和情节告诉了读者,让读者自己尝试着推理出真相。因为他们相信,在他们给出的已知条件下,只要读者足够理性,便可以和他们一样得出最终的答案。这就像青山刚昌笔下的江户川柯南一样,在找出所有的证据链条之后,他总会模仿毛利小五郎的口吻说道:"真相只有一个,那就是……"

但是,正是这种显在推理逻辑的严密性,导致了严格意义上的侦探小说的另一个结果。作者不得不为了保障推理的严

---

① 柯南·道尔:《福尔摩斯探案故事集》(一),余芳译,湖北少年儿童出版社,2012,第15页。

密性,而让故事中的一切情节要素的安排都围绕着这个推理链条来进行,以至在整个推理环节上,我们看到的往往只剩下一个形式上的严格一致的推理逻辑,但现实场面则让人不得不感到毛骨悚然。其中最典型的是日本本格推理的代表作家岛田庄司。在他的《斜屋犯罪》中,尽管杀人事件中的诡计令人叫绝,前后事件和逻辑的衔接丝丝入扣,毫无一点破绽。但是问题在于,整个犯罪事件的进行,与那个作为犯罪背景的斜屋(流水馆)密切相关,仿佛这幢特殊的建筑就是为了这场谋杀而存在的,整个斜屋的设计都是为了完成这场不可能的谋杀而采用的。我们试着反问,有谁会专门建造这样一幢在生活起居上极为不便的斜屋呢? 斜屋的存在和谋杀事件的存在成为一种对应关系。斜屋不具有现实生活中实际存在的可能性,没有人真正愿意住在这样特殊设计的建筑环境里。斜屋的整体设计不属于生活中的现实,而是属于侦探小说的推理逻辑。这就像美颜相机的效果一样,为了让中心人物足够靓丽,必须扭曲周遭环境的形态。同样,本格推理小说将其推理中心主义推向了极致,为了保证中心推理逻辑的完美,真实环境的实在性(reality)成为可以牺牲掉的要素,甚至背景环境都可以出现与实在完全相悖的场景。于是,侦探小说必然带有第二重逻辑,即在显在的逻辑推理叙事下的被扭曲的不连贯的场景。这种不连贯的场景不是真实的,但的确是为了实现最完美的推理而形成的对应物,而这种不连贯性的隐性逻辑的存在正是显性的推理逻辑成立的前提。在岛田庄司的《斜屋犯罪》中，那个根本不可能让人正常生活的斜屋，正是岛田庄司制造出最绝妙犯罪诡计的前提。换言之，任何一部侦探推理小说，实际上都是福尔摩斯的"演绎法"，即整个生活都构成了一个巨大的链条，可以随意从其中一环，轻松追溯到链条的整体。在齐泽克看来，任何侦探小说实际上都构成了一个认知倒错（cognitive inversion），即从我们打开侦探小说的一开始，实际上，它就让我们将认知的焦点放在了那个形式上的推理逻辑的虚构幻象上。齐泽克说："关键在于，普通实在的一部分与另一部分被一个设计出来的框架一分为二，而这个设计出来的框架成为幻象的魔幻空间。我们拥有了一个现实，在小说中与自己相分离（或者毋宁说，被双重化）。借助这种认知上的自我倒错，实在在一个梦幻般的舞台上遭遇了自身，而这种认知倒错迫使我们放弃了存在的单一性（univocity）。"①在齐泽克看来，在我们进入侦探小说那一刻起，我们已经发生了认知倒错，即我们认同了小说形式构架中的推理逻辑，而将这种推理逻辑与其他东西分离开来。简言之，推理逻辑将小说一分为二，即显性的推理逻辑和隐性的倒错逻辑。倒错逻辑无法被整合到显性的推理逻辑之中，因为在这种推理中，一旦植入了隐性逻辑，整个显性逻辑就会

---

① Slovaj Žižek, *Less Than Nothing: Hegel and the Shadow of Dialectical Materialism*. London: Verso, 2012. p.374.

崩溃。

　　齐泽克的新书谈到了美国侦探电视剧《梅森探案集》(*Perry Mason*),其中有这样一个故事,正好将推理小说的两个逻辑(本格推理和认知倒错)衔接了起来。故事大致是这样的,一位犯罪心理学教授失手杀死了自己的妻子。为了掩盖他的罪行,他通过技巧延缓了尸僵时间,然后立刻赶到另一个城市,参加了一项学术会议,获得了不在场证据。最关键的是,在外地开会期间,他将整个虚构的情节演练了无数次,让整个故事听起来合情合理,没有一丝漏洞。所以,当警察发现他妻子的尸体,并用电话通知在外地开学术会议的他时,他按照设定的剧本赶回了家中。在经历了一场悲情表演之后,他向前来询问的警察陈述了他那早已烂熟于胸的故事设定。高智商的心理学教授十分确定,他的故事不可能有一点漏洞,因为每一个情节上可能的悖谬,都事先在他的叙事逻辑中得到了完美的解决,警方想到的每一个问题,都已经被预设了符合逻辑的答案。这样,他的整套叙事已经变成了天衣无缝的逻辑,警方不可能从他的叙事和逻辑中将他确定为凶手。的确,教授的叙事是完美的,在面对警方的质询时,没有丝毫漏洞,整个叙事逻辑前后连贯一致,没有一丁点悖谬之处。而电视剧的主角——刑事诉讼律师佩里·梅森发现了其中的漏洞。恰恰是毫无悖谬之处,暴露了整个叙事中最大的悖谬。他详述的每一个细节都十分清晰,合情合理,正好是这一点引起了警方的怀疑。因为在他们日常的办案中，从来没有一个受害人的亲属，能如此顺畅、如此逻辑严密地将故事叙述下来，这太反常了！也就是说，这位犯罪心理学教授忘记的是，恰恰所有的细节和情节都严丝合缝地符合逻辑这一件事情最不符合逻辑。因为对于一个普通人来说，妻子的遇害绝对是一个事件，一个不能简单用言语描述的事件。在面对警方质询的时候，当事人不可能用严密一致的话语来描述这个突如其来的事件，如果当事人能够对事件给出一个严密而毫无悖谬的陈述，那么只有一个可能：这个陈述是事先准备好的。对于犯罪心理学教授来说，为了脱罪，他自己沉浸在一个虚构出来的形式推理逻辑里，他的整个情节的塑造都是围绕这个逻辑进行的，他可以保障整个情节中所有要素都从属于这个逻辑的一致性。但是，他忘记了，他虚构出来这个天衣无缝的推理逻辑，也意味着整个现实世界被一分为二，他自己作为最重要的因素没有被置于叙事之中，他自己成为他编造的故事的例外，他的类似上帝视角的完美无缺的情节暴露了他实际上并不属于故事本身。而刑事律师梅森稳稳地扣住了这个悖谬，让犯罪心理学教授的整个叙事逻辑全盘崩溃了。

　　与《梅森探案集》中的故事相对应的是阿加莎·克里斯蒂的《命案目睹记》中的情节。长期生活在自己的庄园、很少外出的麦吉利卡迪太太乘火车去看望马普尔小姐。在火车停靠在途中一站的时候，这位体面端庄的太太无意中透过车厢的窗户看到,对面轨道上的列车上一位高个子的褐色头发的男人正掐住一位穿着皮草大衣的女子。但是,在麦吉利卡迪太太报警之后,警方找她进行询问时,麦吉利卡迪太太却显得语无伦次(inconsistent discourse),她无法对刚刚发生的一切进行精准描述,以致警方无法采信麦吉利卡迪太太的证词。显然,阿加莎比《梅森探案集》中的犯罪心理学教授要高明得多,因为麦吉利卡迪太太是一个惬意生活在庄园中的贵妇,她接触的生活的语言结构,并没有为谋杀案这类事件留下空间。因为这类事件与麦吉利卡迪太太的生活世界是相脱离的,从而是无法用她的日常语言进行言说的。列车上的凶杀事件打破了麦吉利卡迪太太的封闭圈子,不仅仅是她的生活圈子,也包括她的话语圈子,她需要用她日常生活中使用的有限的话语去描述一个她完全没有预料到的事件,其结果就是她在面对警方时语无伦次。只有阿加莎笔下的马普尔小姐坚信麦吉利卡迪太太看到了一切,因为正好是她的前言不搭后语,她不连贯的描述,才暴露出事件的真实性。齐泽克说:"这可算最简单最纯粹意义上的事件了:在毫无准备的情况下,一件骇人而出乎意料的事情突然发生,从而打破了惯常的生活节奏;这些突发的状况既无征兆,也不见得有可以察觉的起因,它们的出现似乎不以任何稳固的事物为基础。"[1]换言之,谋杀事件的出

---

① 齐泽克:《事件》,王师译,上海文艺出版社,2016,第 2 页。

现,对于麦吉利卡迪太太来说就是一个突如其来的事件点,在这个事件点上,她所习惯的日常话语都失效了,她必须去面对一个绝对无法言说的事件,描述不可能描述的事情。这样,她面对警方的言说只能表现为支离破碎的细节和语无伦次的描述,而这恰恰就是事件到来的最好的证明。

《梅森探案集》的犯罪心理学教授和《命案目睹记》的麦吉利卡迪太太构成了侦探小说推理的两极。前者为了保障严密的推理逻辑,发生了认知倒错,忽略了真实世界的存在,将自己变成了最大的悖谬,让梅森律师抓住了把柄。而麦吉利卡迪太太则是在面对真正的事件之后,发生了语言的崩裂,因为没有任何现成的语言可以描述她所遭遇的事件,这些支离破碎的语言意味着言说不可言说的事件的悖谬性结果。所以,在很多侦探小说中,那种迷恋于显性的推理逻辑的作者和读者,都和那位犯罪心理学教授一样,陷入了认知倒错。梅森律师之所以洞悉这一切,恰恰是因为犯罪心理学教授可以言说的事件是一个伪事件。尽管没有直接证据指向他,但是他可以描述每一个合理的细节,这只能说明整个事件已经在犯罪心理学教授的认知架构上存在了,现实中的一切元素都被还原成整个架构中的一环,构成了一个封闭的回路。换言之,犯罪心理学教授为自己的意识形态所询唤了,他的认知倒错让自己的真实逻辑(让自己脱罪)和推理逻辑(虚构的完美逻辑)发生了"短路"(short circuit)。正如齐泽克在《意识形态的崇高客体》的引论中十分明确地指出:"意识形态询唤这一过程必定暗含着某种短路。"①这样,在面对事件的时候,实际上存在着两个彼此分叉的方向。一个方向是,始终追求严密一致的完美推理逻辑,从而牺牲掉真实的事件(或者掩盖真实的事件),这种牺牲的代价是主体被迫发生认知倒错,从而产生意识形态询唤中的短路。另一个方向恰恰与之相反,马普尔小姐在麦吉利卡迪太太的言说中辨识出的真正的事件,即无法言说的事件,只能在支离破碎和语无伦次的表述中呈现。这个方向则是在追寻事件的时候放弃了逻辑的严密性和一致性,让事件成为摧毁既有结构的锤子,面对事件,我们只能发明新的话语、新的体制、新的观念,甚至创造出一个新世界。

二、事件的原点:无法消除的对象 a

不难看出,齐泽克的事件哲学背后隐含着一个更为深刻的架构,这个架构在一定程度上来自拉康的精神分析,尤其源自拉康的实在界、象征界和想象界的三元结构。实在界是一个空洞,在那里没有语言、没有意义,甚至不能想象任何东西,它是一个原初的未分的(indifferent)混沌状态,我们在其中将任何东西从其他东西中区分出来,正如拉康所说:"记住这一

① 齐泽克:《意识形态的崇高客体》(修订版),季广茂译,中央编译出版社,2014,第3页。

点，对于内部和外部这个区分，在实在界层面上是没有任何意义的。因为实在界没有裂隙。"①因此，在实在界中，不可能形成任何对象，也不可能形成主体。主体的形成与镜像阶段的镜像的想象有关，在镜像的同一性中，形成了关于自我的统一性。自我的统一性成为镜像阶段的一个重要支点，这个在镜像中形成的想象性的统一的自我逐渐超越了离散的、混乱的、无秩序的感受和力比多的流动，从而在一个想象性的自我镜像中将所有归属于我的经验和感知统一起来。象征界的介入是一种带有大他者(the Other)能指的介入，一旦带有大他者的象征介入之后，主体不再是完整的主体，而是被象征阉割的主体。主体和周围的世界都被还原成象征界上大他者的意指关系(signification)的能指链条，让象征界成为一个连贯一致、平滑完整、理性而富有权力的象征性母体(matrix)。

在这里，最为关键的关系就是那个"没有裂隙"的实在界和带有大他者印记的象征界之间的关系。在许多传统哲学中，实在和象征(语言、意义、知识等)之间被假定存在着严格的对应关系。实在界被象征性的知识或语言转化为可以被言说、被感知、被理解的对象，而这些对象无非将实在界的不可化约的欲望和力比多转换为象征结构上的一个被掏空生命活

---

① Jacques Lacan, *The Seminar of Jacques Lacan, Book* Ⅱ, *The Ego in Freud's Theory and in the Technique of Psychoanalysis*, 1954–1955, trans. Sylvana Tomaselli, New York: W. W. Norton & Company, 1988. p.97.

力的对象而已。以市场经济中的货币拜物教为例，当货币这种抽象物上升为支配着市民社会中一切人与人之间、人与物之间，甚至人与自我之间的尺度的时候，货币或商品的价值充当了市场经济或市民社会中的象征秩序。一切事物，包括人本身，都不得不被还原为这个抽象的象征架构上的一个量，才能在市民社会中获取对应的意义和价值。这就是人们的生命力在资本主义社会中被转化为量化的劳动力的奥秘。一种不可言说的人的生命活力，被用来充当在资本主义生产下的货币价值尺度。实际上原本归属于人本身的生命力已经被货币和价值的象征性暴力掏空，最终沦为只能在市场上自由售卖的劳动力。所以，马克思说："现在社会劳动的生产力和社会劳动的特殊形式，表现为资本的生产力和形式，即对象化劳动的，物的劳动条件（它们作为这种独立的要素，人格化为资本家，同活劳动相对立）的生产力和形式。这里，我们又遇到关系的颠倒，我们在考察货币时，已经把这种关系颠倒的表现称为拜物教。"[①]这里的关键在于，马克思看到了由于在市民社会中，货币成为尺度，以货币拜物教和商品拜物教为主要特征的象征架构已经将现实中的一切都还原为货币尺度下的一个对象或一个量。因此，所有的实在的事物都被一分为二，在人的生命力的组成部分中，那些能创造价值的部分成为可以在市

---

① 《马克思恩格斯文集》第8卷，人民出版社，2009，第392页。

场上进行交换的劳动力;而那些不能用于交换的部分,只能成为拉康意义上的剩余物,它们是被象征秩序排斥的部分,或者是工人身上被阉割的欲望。正是带有大他者印记的象征秩序的引入,使得真正的区分成为可能。生命力在象征秩序的装置下,被生产为劳动力,能够生产出为资本带来利润的劳动力。这是市场经济下的新的商品,齐泽克十分准确地理解了马克思商品拜物教和货币拜物教批判的真谛,"因为有了这种新商品,等价交换成为对自身的否定,因为出现了剥削,出现了对剩余价值的占有"①。不过,接下来,齐泽克在马克思的商品拜物教里迅速植入了自己的私货,即将一种象征秩序的阉割放入马克思的批判之中:

> 这里不能错过的关键之处是,等价交换对自身的否定恰恰出现在等价交换的内部,而不是从外部对它的简单反叛:劳动力被剥削,不是因为没有把全部价值支付给它;至少大体上,劳动和资本的交换是完全等价和绝对公平的。这里的迷人之处在于,劳动力是一种奇特的商品,劳动力的使用(劳动)创造了剩余价值,正是这个超出劳动力的剩余价值,被资本家占有了。
>
> 这里我们再次看到了意识形态的普遍原则,即等价、

---

① 齐泽克:《意识形态的崇高客体》(修订版),季广茂译,中央编译出版社,2014,第17页。

公平交换的普遍原则;同时还看到了特定的悖论性的交换,即劳动力与工资的交换。劳动力与工资的交换是等价交换,但这种交换充当着剥削之形式。"量"的发展,商品生产的普遍化,带来了新的"质",即新商品的出现。新商品代表着从内部对商品等价交换这一普遍原则的否定。换言之,它带来了征兆。①

由此可见,齐泽克在这里关心的并不是资本家无偿占有工人的剩余劳动生产出来的价值,而是在这种等价交换的普遍性法则下,即以货币为尺度的交换的象征秩序下,一种"新商品"或一种新的崇高对象的出现,一种被强制性纳入等价交换体系中的劳动力商品。这种转化不仅意味着工人在以工资为形式的交换中丧失了一部分价值,而且意味着工人的生命力被阉割了。他们永恒丧失了一个部分,他们的身体现在被象征化的劳动力贯穿。于是,他们不再是自给自足社会中满足于自我生存的生命存在物,而是被以货币为中心,以等价交换为法则的象征交换秩序掏空的躯壳。他们在对象化为劳动力的同时,也将自己集置为资本主义社会下的"自由"的主体。拉康用带有竖杠的＄代表了那个被纳入象征秩序的被阉割的主体,而象征秩序的阉割过程变成了一个马克思意义上的异

① 齐泽克:《意识形态的崇高客体》(修订版),季广茂译,中央编译出版社,2014,第17页。

145

化:S→ $ 。

我们可以说,在欲望和力比多的实在界与拜物教化的象征界之间必然存在着不平衡。因为,在欲望、生命或力比多被暴力地纳入象征秩序的时候,也产生了一个副产品,一个被阉割的、永远无法为主体所获得的对象 a,这个永远失却的对象 a成为被阉割主体不懈地追求的对象。而被阉割的主体的所有欲望都是围绕着这个被阉割的空缺来展开的,这就是拉康著名的欲望公式: $ ◇a。欲望公式表明,具有内在连贯性的象征秩序实际上无法完全消化实在界的事物,在阉割主体并生成对象的同时,也产生了一个剩余物,即对象 a。齐泽克指出:"大他者是缺乏的,意味着总会存在一个剩余物,一个不能整合到大他者之中的惰性物——对象 a。也正是对象 a 的存在,让主体避免了被彻底异化,因为主体本身成为对象 a 的相关物,即 $ ◇a。通过这种方式,我们可以设想一个不同于自我的我,一个想象的不太熟悉的空间,主体不会遁入结构整合的'无主体的过程'当中。"①

在这里,我们可以看到齐泽克构想事件概念的根本内核:始终存在着一个不能被象征秩序消化的对象 a,这个对象 a 的存在不仅仅是无法整合到象征秩序的实在,更重要的是,对象 a 构成了一个根本性的创伤,让被阉割的主体始终指向那个不

① Slovaj Žižek, *The Most Sublime Hysteric: Hegel with Lacan*, Trans. Thomas Scott-Railton, Cambridge: Polity Press, 2014. p.72.

可能再次被获得的对象 a。就像我们牙齿上有一个洞一样,我们总是会无意识地用舌头去舔那个洞,这个行为恰恰指向自我身体构造的统一性的悖谬。那个牙洞告诉我身体的残缺,而身体统一性的幻象却支撑着我不断地指向那个创口。所以,齐泽克继续沿用拉康的口吻说道:"只要伤口从身体的(符号性和符号化)现实中凸显出来,它就是'一小片实在界',一个无法融入'我们身体'之整体的令人讨厌的肿瘤,是'在安佛塔斯之内又超乎安佛塔斯'的某物的物化。因此,根据拉康的经典概括,伤口正在毁灭他。"①这样,这个"一小片实在界",那个无法被象征秩序化的伤口,成为摧毁象征化身体统一性的一道裂缝,也只有在这道裂缝中,事件才成为可能。换言之,只要存在着无法消化的剩余物,即那个无法被完全整合到象征秩序的统一性之中的创伤,那么一定存在着事件,来计象征秩序的一切作为都化为泡影。正如前文中那位心思缜密的犯罪心理学教授在事件中的身份构成了最大的创伤,让梅森律师一举将他的统一性逻辑全盘击溃。

于是,齐泽克也借此反驳了阿尔都塞的"历史是一个无主体过程"的诘难。阿尔都塞的意识形态询唤理论,试图彻底消化主体,让主体沦为被意识形态支配的主体,主体完全被纳入意识形态内部。阿尔都塞说:"这些行为嵌入物质的实践中,

---

① 齐泽克:《意识形态的崇高客体》(修订版),季广茂译,中央编译出版社,2014,第92页。

这些实践受到物质的仪式的支配,而这些仪式本身又是由物质的意识形态机器所规定的——这个主体的各种观念(好像碰巧!)就是从这些机器里产生出来的。"①但是,正如齐泽克的批判所说,阿尔都塞误解了拉康的询唤概念,认为意识形态的象征秩序可以完整无缺地将主体变成其傀儡,任由意识形态机器所操纵。但事实并非如此,因为在将具有生命和欲望的主体暴力性地纳入象征秩序之中的时候,必然存在着一个剩余物,一个无法被象征秩序消化的对象 a。在这个意义上,对象 a 和被循环的主体是同时被生产出来的,象征秩序在主体和对象上撕开了一道裂缝,让对象 a 永恒地失却。但正由于失却了对象 a,主体不再是原先的完整主体,而是不断地指向那个失却的对象 a,形成不可磨灭的欲望。一言以蔽之,阿尔都塞没有看到在意识形态的询唤过程中产生的主体的分裂,从而让他的意识形态理论走向了革命的反面,让主体意识彻底从马克思主义理论中消失了。与之恰恰相反,拉康的精神分析借助对象 a 概念,重新复活了事件可能性,正如齐泽克的评论所说,拉康用一种分裂伦理学取代了阿尔都塞的异化伦理学,在阿尔都塞那里,主体完全被意识形态机器吸纳,成为一具提线木偶。拉康的主体在象征秩序的暴力下,被撕裂,被一分为二,产生了一个被阉割的主体和对象 a。而被阉割主体

① 阿尔都塞:《论再生产》,吴子枫译,西北大学出版社,2019,第482页。

指向对象 a 的欲望公式就是逃离象征秩序或意识形态机器的可能性所在。换言之,只要存在着被割裂的对象 a,事件的可能性就得到了保留。于是,对象 a 成为事件的原点,它是一个开关,一旦被触动,意识形态机器或象征秩序也会随之失效或崩溃。

显然,齐泽克的事件哲学承袭了拉康的欲望原理。齐泽克指出:"拉康有一个著名的格言:涉及欲望不让步。拉康此语旨在强调,我们千万不要取消下列两者的距离:其一是实在界,其二是实在界的符号化。实在界的每一次符号化都会产生剩余,正是这种剩余充当着欲望的客体成因。正视这种剩余,或者说得更确切些,正视这种残余,意味着承认,存在着致命的僵局,存在着'对抗',存在着内核,它抵抗符号性整合-消解。"①的确,这个剩余物,这个无法消化的对象 a,就是让事件成为可能的存在。无论逻辑和象征秩序多么理性,多么缜密,在面对实在界的时候,它始终都会生产出剩余,即那个不可能被完全纳入象征秩序的对象 a。那么,对于齐泽克来说,真正的普遍性不可能存在于象征秩序内部,无论我们采用什么概念(如上帝、人、理性、自由、身体、语言、主体间性等)都无法构成囊括一切的普遍性。这些普遍性无一例外地都是象征秩序之内的普遍性,因为它们都排斥了对象 a。所以,对于所有的

① 齐泽克:《意识形态的崇高客体》(修订版),季广茂译,中央编译出版社,2014,第3—4页。

象征秩序来说，只有一个东西是普遍的，那就是每一个象征秩序都有着它们无法捕捉到的对象 a。也正是对象 a 的存在，让事件成为真正具有普遍性的概念。在齐泽克 2020 年的新书《连线大脑里的黑格尔》(*Hegel in a Wired Brain*) 中，他再次宣告说："唯一真实的普遍性，唯一能贯穿所有身体和语言（也包括'词语'）的普遍性就是事件的普遍性。"①任何象征秩序都会在一个无法消化的对象 a 面前土崩瓦解，而只有对象 a 所生产的事件，才具有真正的永恒。

三、视差之见下的事件

显然，在齐泽克那里，我们从来没有真正直面过实在界，我们与实在界之间始终存在着一个中介（想象界的镜像，象征界的符号），让实在透过这个中介再现在我们面前。实际上，拉康已经指出，我们根本无法直接面对那个实在界，一旦打破象征界的囚笼，我们得到的并不是德勒兹式的逃逸式的游牧和解放，我们获得的不是安然和惬意，而是焦虑(angoisse)，无尽的焦虑。因此，在拉康的研讨班上，他将焦虑称为"实在界的信号(signal)"。拉康说："在这个意义上，我可以大胆地告诉你们，在所有的信号中，焦虑是最不可能欺骗你们的信号。

---

① Slovaj Žižek, *Hegel in a Wired Brain*. London: Bloombury Academic, 2020. p.8.

因此,实在界那无法消化的部分,让实在物直接呈现在经验中,这就是焦虑的信号。"①也就是说,对于德勒兹的游牧式解放,拉康及齐泽克等人实际上给出了否定性的评价。因为,在大他者的象征秩序的统治之外,并没有一个可以让人立足的外部。在象征秩序之外的实在界是一个黑洞,没有意义、没有观念、没有知识,也没有任何让人足以生存的立锥之地。面对这样的黑洞,我们只有无尽的焦虑,而我们在日常生活的秩序下的焦虑,实际上就是这种实在界的剩余物在象征界上形成的信号。

在齐泽克那里,拉康提出的面对实在界的焦虑的信号,有一个更为明确的解读,即主体只能在象征秩序下生存,因为在实在界之中只有无所适从的茫然的焦虑。我们没有任何概念和知识去面对实在界,也无法在其中立足,唯有将概念工具化,将自己主体化为一个统一的主体。也只有在这个主体之中,才能通过象征化的架构让万物以对象的方式在这个坐标系之下再现出来。那么,这里就会出现一个悖论。一方面,"唯有通过对实在界的象征化才能产生主体(在定义上,主体就是能指的主体)";但另一方面,"倘若象征化太过彻底,就会导致一个无主体的结构,这个结构不再是象征结构"。② 那么,

① Jacques Lacan, *The Seminar of Jacques Lacan, Book X, Anxiety*, trans. Jacques-Alain Miller, Cambridge: Polity Press, 2014. p.160.

② Slovaj Žižek, *Incontinence of the Void: Economico-Philosophical Spandrels*, Cambridge: The MIT Press, 2017. p.17.

对于齐泽克来说,唯一能解决这个悖论的方式,就是承认在象征化的过程中,必然存在着一个无法消化的剩余物,即对象 a。齐泽克说:"所有概念化、理性理解、象征化的过程,所有用逻各斯来把握实在的企图,都会产生一个剩余物,实在界抵抗着彻底的象征化……实在界先于象征化,且对象 a 就是通过象征界的作用留下的实在界的残余,它是一个纪念品,标志着象征化的最终失败。"①对象 a,那个无法被象征秩序消化的残余物,也让主体无法完全被象征秩序消化。它成为一个症候,一个永远无法在既定的象征秩序上弥补的缺口。因为这个缺口被弥补,就意味着象征秩序的崩溃。这样,在主体被大他者的象征秩序阉割那一刻起,它所产生的剩余物,即对象 a,已经天然地指向了事件,一个尚未发生,但终将到来的事件。也正是在这个意义上,齐泽克指出,无法消化的对象 a 是即将来临事件的"指数"(indicator)。

不过,这里还存在着一个问题,尽管所有的象征秩序、所有的知识体系、所有的政治制度都不可避免地包含一个无法消化的对象 a,但并不是所有的象征秩序、知识体系或政治制度都会面临事件。我们经常面对的状态是那里平静如常,什么也没有发生。在这里,涉及对象 a 的一个地位问题,即对象 a 不是一个实指,更不是实在界本身。尽管它是实在界留下的

---

① Slovaj Žižek, *Incontinence of the Void: Economico-Philosophical Spandrels*, Cambridge: The MIT Press, 2017. pp.17-18.

一个剩余物,但这并不等于对象 a 本身就是实在之物。恰恰相反,对象 a 也是被象征秩序阉割生产出来的。换言之,象征秩序的暴力介入,不仅产生了脆弱的主体(ticklish subject)和再现的对象(represented object),让主体和对象在象征秩序的坐标系中被定位;同时,那些被割裂下来的部分,即对象 a,也是在这个暴力介入的过程中产生的。它虽然没有被象征化,但的的确确是象征秩序阉割的产物。没有大他者象征秩序的暴力,不可能有对象 a 和主体之间的区分,也不可能产生指向事件的欲望公式。那么,对象 a 的实质在于,它是不可能被既定的象征秩序象征化的部分,即对象 a 是一个空无(void),它无法在这个象征秩序下获得任何意义,甚至无法为人们所感知、所看见、所理解。

真正的问题并不在于,在既定的大他者的象征秩序、知识体系或社会秩序下,是否能出现对象 a。因为在出现了象征秩序的阉割之后,对象 a 一直都在那里存在着。它一直都在,但是人们对它视而不见,只有在一个视差(parallax)之下,即换掉我们看问题的视角,从一个全新的视角来看这个世界,原先视角下的对象 a,才有可能在新的视角下呈现出来。齐泽克的说法是:

视差的标准定义是:对象发生了明显的位移(相对于背景的位置变化),这种位移是观察位置的变化导致的,

新的观察位置给出了一个新的视线。当然，这对哲学造
成的影响是，不同视角所看到的差异并不是纯粹的"主观
差异"，不仅仅是由于这样一个事实，即从两种不同的姿
态或视角看到同一个对象"在那里"存在着。恰恰相反，
正如黑格尔所说，主体和对象在根本上都是"被中介的"，
于是在主体的视角上发生了"认识论"上的转向，也在对
象本身上发生了"本体论"的转向。①

这是一个很有趣的转换。对于齐泽克来说，真正的问题
并不在于像法国后结构主义者和解构主义者那样，彻底摧毁
象征秩序的支配，走向一个没有被任何大他者的象征秩序支
配的外部，不断地绘制出解域化的逃逸线，让生命可以穿越边
界在无秩序(anarchy)的实在界中游牧；而是让我们明白，主体
和对象只能在象征化的过程中存在，在象征秩序之外，主体和
对象同时都灰飞烟灭了。所以，与其说是逃逸大他者和象征
秩序的统治，不如说，发明一种新的象征秩序，一种新的看世
界的视角，去形成一种视差之见(parallax view)，让在之前的象
征秩序下无法被显现出来的对象 a，可以在新的象征秩序下呈
现出来。一旦呈现，旧的世界观必然随之崩溃，而新的世界
观、新的主体(同样也是被阉割的主体)、新的对象 a 也会随之

---

① Slovaj Žižek, *The Parallax View*, Cambridge: The MIT Press, 2006. p.17.

产生。

　　回到克里斯托弗·诺兰的《信条》,约翰·华盛顿饰演的主角,第一次接触到电影中的主设定,即位于奥斯陆机场的逆转机时,电影已经放映了将近一半时间。当然,我们不能说,只有当主角通过奥斯陆机场的逆转机与逆转后的自己相遇之后,才发生了实在中的事件,才出现了对逆世界的理解。在主角来到奥斯陆机场之前,诺兰已经在电影中通过乌克兰歌剧院中的逆子弹、专门研究逆时间的科学家劳拉,以及印度的信条掌门人普利亚事先将逆时间的世界观植入了主角的头脑,也同时植入了每一个观众的头脑。这样看来,在奥斯陆机场之前用长篇累牍的对白堆积而成的看似十分拖沓的剧情,对于主角和观众真正触及逆时间和逆转机事件至关重要。因为这种逆时间的构成是一个观念架构,正是这个观念架构,让作为观众的我们可以在电影院里直接体验到一种视差之见。在顺时间下无法理解的对象,可以完整地在逆时间框架下理解。尤其是在爱沙尼亚的首都塔林飙车争夺演算机配件的那一场戏,将顺时间视角的对象和逆时间视角的对象同时囊括在一个画面中。观众第一次在顺时间视角下看到的内容,自然地抹除了那些不符合顺时间视角的内容。但是,仍然有许多不可理解的对象出现在顺时间视角之下,比如与主角相对的车道上一辆突然翻掉的银色汽车。但导演诺兰第二次通过逆时间视角重复的画面来展现这个过程,我们突然理解了经过逆转机逆转的主角就是在这台银色的车里丢失了最后一个演算机的配件。这样，尽管两个视角（顺时间和逆时间）在同一个时间里发生并重叠，我们实际上将这个时间段看了两遍。我们分别从两个不同的角度来看整个过程，但是我们两次观看的内容是完全不一样的。所以，当我们的视角发生转化，尽管场景和里面的一切事物都没有发生变化，但是我们看到了不一样的东西。在顺时间的视角下，事件没有发生，只有一场刺激感十足的飙车戏；然而在逆时间视角下，事件已经发生，主角丢失了配件。在顺时间和逆时间的视角下，我们看到的不是两个事件，而是一个事件，唯一的差别就是视角的差别。事先植入的逆时间和逆转机的观念，让我们可以明白，顺时间视角下无法崭露出来的对象和事件，可以在逆时间视角中呈现出来。问题不是事件的实在发生，也不是事件发生了两遍。事件发生了，但在一个视角下我们看不到它；在另一个视角下，我们才能看到事件的存在。

同样，在《黑客帝国》的例子中，为什么说即便尼奥没有吞下红色药丸，而是吞下蓝色药丸，事件也已经发生。重要的不是药丸，而是墨菲斯已经为尼奥讲述了算法母体（Matrix）架构与真实世界的关系，已经在象征秩序上将这个话语架构植入尼奥的头脑中。也就是说，即便在尼奥吞下蓝色药丸之后，什么也没有发生，墨菲斯也已经将一种视差植入尼奥的大脑当中。即便尼奥仍然生活在那个虚拟世界中，即便他仍然面对着同样的对象,视差的出现也已经让他对世界的看法产生了改变。尽管蓝色药丸并不会直接产生回到现实荒漠的事件,但是由于新象征秩序和话语架构的出现,已经让原先的母体话语的设定在尼奥心中开始崩溃。尼奥面对真实世界的事件迟早会发生,而正是这个架构,迟早会让救世主尼奥与墨菲斯和崔妮提等反抗军站在一起。

这种话语架构有点像古希腊悲剧中的歌队。歌队不仅仅为我们表述无法直接用演员的表演表达出来的活动和情感,在齐泽克看来,歌队更为重要的作用是,它对观众进行一种教育,让观众可以理解怎样看待悲剧的视角,为观众解释让事件得以发生的话语机制。这就像观看一些三维图案一样,观看者被一个旁白告知,需要从哪个角度看,才能看到这个图像的立体效果。瓦格纳的歌剧显然也承袭了这种特殊的架构。例如在《女武神》和《齐格弗里德》中,在发生的一连串事件之前,瓦格纳都会给出长篇对白,来为观众解释事件发生的架构。那么,作者实际上通过这些长篇对白为后续发生的事件奠定了基础,因为这些对白无疑预设了一个场景,后面即将发生事件。齐泽克说:"真正的新事物就是通过这些叙事对白产生的,显然,叙事就是纯粹的再生产式的重塑事件——正是这种重述以新的方式开辟了演出的空间(可能性)。"①由是观之,

---

① Slovaj Žižek, *Absolute Recoil: Towards a New Foundation of Dialectial Materialism*. London: Verso, 2014. p.95.

齐泽克意义上的事件，不仅仅在于寻找业已存在的被既定象征秩序阉割的对象 a，去面对实在界，更重要的是，去发明一种新的象征秩序。在这个新的象征秩序下，原先无法被看到、无法被理解的对象 a 可以在新的秩序中呈现出来，并表征为事件。这个说法也适用于 20 世纪 80 年代撒切尔夫人的胜利。齐泽克引述道："有人问撒切尔夫人，她最大的成就是什么，她回答说是'新工党'。她是对的，她的成功在于，即便是她的政敌也得采用她的经济政策——真正的胜利并不是你战胜敌人，而是敌人也开始用你的语言来说话；你提出的观念，构成了整个战场的基础。"①换言之，撒切尔夫人的胜利在于，她发明了一种新的话语、一种新的象征结构，让她的对手也必须在这个新的象征的母体上来对话。在这个平台上，即便撒切尔夫人不再担任首相，她的话语秩序也缔造了一个不同的英国。

这样，我们可以说，真正的事件并不纯粹在于在现实中发生了什么，更重要的是，它能够在旧秩序和大他者内部，用一种新的结构来让之前无法显现、无法表述、无法感知的对象呈现出来。因此齐泽克在他的《事件》一书的最后十分明确地指出："在资本主义内部，事物的不断变化正是为了使一切保持不变，而真正的事件将会转变这个关于变化的原则本身。"②可

---

① Slovaj Žižek, *Absolute Recoil: Towards a New Foundation of Dialectial Materialism*. London: Verso, 2014. p.194.
② 齐泽克：《事件》，王师译，上海文艺出版社，2016，第 212 页。

见,传统的西方左翼的错误,尤其是身份政治的左翼(如斯图尔特·霍尔等人)的错误在于,他们总是希望在敌人设定的话语框架和政治体制内部去谈政治。他们将自己还原为黑人、女人、LGBTQ群体、拉丁裔等,然后在新自由主义的政治框架下按照既定的政治逻辑去玩语言斗争和协商政治的游戏。他们的变化不足以促进真正的事件发生,而资本主义十分热衷于身份政治的原因是,无论"黑人的命也是命"(BLM)运动多么轰轰烈烈,他们始终都是在传统的象征秩序下进行游戏。在这个资本主义界定的象征秩序下(身份政治),所有的事件都会被撤销(undoing event),声称"我不能呼吸"的乔治·弗洛伊德(George Floyd),在这种传统的话语秩序中也会逐渐被忘却。因为BLM没有新的象征秩序,没有新的口号,也没有新的视差之见,他们不可能具有真正的事件。或许,齐泽克的新辩证唯物主义能够找到打破西方左翼政治僵局的答案,"辩证进程总是始于某种肯定的观念的发展,但在这发展过程中,观念自身也会经历深刻的变化……正是由于观念自身被卷入辩证进程之中,它将被自身的现实性所决定……在这些时刻,普遍维度自身被重新建构,一种全新的普遍性也呼之欲出"①。或许,只有在那一刻,我们才能宣称真正的事件来临了。

_____

① 齐泽克:《事件》,王师译,上海文艺出版社,2016,第217页。

第六章 阿甘本：作为事件的身体使用

　　与众多当代思想家,如德勒兹、巴迪欧、朗西埃、齐泽克等人十分热衷于谈论事件不同,阿甘本很少谈论事件。这并不等于在阿甘本那里没有事件。恰恰相反,事件概念事实上在阿甘本的思想中占据着一个十分重要的地位,尽管阿甘本没有用十分明确的说辞将之直接呈现出来。对于阅读和理解阿甘本的读者来说,这是一个令人头痛的难题。也正因为如此,阿甘本的《身体使用》(*The Use of Bodies*)一书,才显得如此重要。因为在这本书中,阿甘本尝试从"身体使用"概念出发来超越源事件设定的装置,从而实现新的事件的可能性。也正是在《身体使用》中,阿甘本完成了与海德格尔和巴迪欧等人的事件概念的对接。

　　当代阿甘本研究中的一个常见的误解是:阿甘本将生命

分成了政治生活(bios)和生物性生命(zoe)两个部分,而他的
生命政治学无非站在赤裸生命或生物性生命的基础上对社会
统治和支配体制进行反抗,从而让赤裸生命获得它应有的形
式。然而,这里的一个悖论是,一旦被排斥的赤裸生命获得承
认,它们本身也成为有资格的政治身份,可以与其他人一样拥
有政治生活(bios),这样赤裸生命的概念不再适用于他们,但
是,新的赤裸生命会在新的体制下衍生出来。也就是说,与以
往的反抗主体(如无产阶级、黑人、女性等)拥有相对固定的身
份不同,赤裸生命或 zoe 从一开始就是一个流动的概念。与此
对应,阿甘本也发现了作为政治体制构成基础的 bios 也不是
稳定的,因为条件和结构的变化,bios 也可以随时变成赤裸生
命。这样,生命政治学绝对不是简单地将政治身份或 bios 赋
予那些被排斥的生命,就可以实现普世共同体。相反,由于
bios 和 zoe 的区分并不固定丁某一个或几个确定的政治身份
区分(如资产阶级与无产阶级,男性与女性,白人与黑人等)之
中,那么最根本的问题并不是如何让 zoe 或赤裸生命获得他们
应有的政治资格,而是如何让把 bios 和 zoe 区分开来的政治体
制不再起作用。

　　正因为如此,在阿甘本的所有作品中,事实上最重要的并
不是让他声名鹊起的《神圣人:至高权力与赤裸生命》(*Homo
Sacer: Sovereign Power and Bare life*),尽管在这本书里他将整
个资本主义社会的统治与奥斯维辛集中营相提并论,认为资

本主义当代治理体制利用手中的至高权力将所有人都变成了
赤裸生命。但是，更准确地说，这本书的价值仅仅在于阿甘本
用他独特的词汇体系，描述了资本主义统治的暗面。相对于
《神圣人：至高权力与赤裸生命》，更为重要的是阿甘本对如何
实现资本主义治理体系及其装置和让其不再起作用的方式的
思考，而这种思考是在他的《至高的清贫》(*The Highest
Poverty*) 和《身体使用》中完成的。实际上，阿甘本看到，最为
关键的革命，并不在于被排斥或被剥夺的赤裸生命在这个区
分内部向具有身份资格的 bios 发出反抗挑战，这种反抗的结
构只是用新的 bios 和 zoe 的区分取代了之前的区分。bios 和
zoe 的二元格局并没有在革命或政治变革的过程中被消灭，只
是在不同个体身份之间完成了洗牌。那么，如果要实现一种
真正的共同体，就必须让这个将身体区分为 bios 和 zoe 的体制
不再起作用，让其无效，这正是《身体使用》一书最后的目的：
"在那一刻，政治的装置不再发挥作用，潜能变成了生命形式，
而生命形式从根本上是一种解构(destituent)。"[①]因此，如果要
弄懂阿甘本提出的超越 bios 和 zoe 的二分的循环命运，就必须
回到那个让这个区分得以成立的装置，只有让这个装置不再
起作用，人类才能获得真正的事件。

---

① Giorgio Agamben, *The Use of Bodies*, trans. Adam Kostko, Stanford: Stanford University
Press, 2016, p.277.

一、什么是装置？

1907 年 4 月，一位上了年纪的汉子手持一把火炬，扛着一个木制梯子，在点燃曼哈顿街头的最后一盏油气路灯后，回到了纽约路灯公司的大楼里。大楼外侧，已经亮起了电灯，这个新发明的玩意儿让路灯公司的建筑更加璀璨亮丽。这个汉子并没有心情去欣赏建筑内外的新鲜玩意儿，虽然它带来了比之前的油气灯更为明亮，也更为稳定不晃眼的光，但他的心中一片暗淡。因为，在他出发去点燃纽约曼哈顿大街上的油气路灯之前，他的老板告知一大批像他这样的公司的老人，明天起就不用再来公司上班了。那汉子叹了口气。他们每天的工作很简单，也很辛苦。所谓工作就是在黑夜来临之际，扛着梯子，用手中的火把将纽约街头的油气路灯一一点燃，有时候他们还会背上一个油气壶，向那些明显油气不足的路灯里添加油气。而在黎明之际，他们需要再次重复傍晚时走过的路线，再次将梯子架在每一盏路灯前，将闪烁着微光的路灯一一熄灭。日复一日，年复一年，风雨无阻。当时纽约的市民，亲切地称他们为燃灯人（lamplighter）。正是他们的不懈劳动，为夜行的人们照亮了回家的路，也正是他们风雨无阻日复一日的工作，让那些不得不在风雨中奔波的人在路灯下寻得一丝温暖的慰藉。现在堕入黑暗的是他们，这些在往日里为夜行人照亮路程的燃灯人。他们之所以失去了支撑多年的工作，并不是因为他们怠工，也不是因为他们与老板和工头们起了冲突，在他们看来，并没有一件事情足够让他们失去养活自己和家人的饭碗。但是，那里的确发生了什么。卡尔·B. 弗雷记述了这个悲惨的过程：

> 从事燃灯这样的工作的市民的确很悲催。街上的油气路灯需要燃灯人的照料，但电灯的发明、电力带来的神秘莫测的力量，让燃灯人点亮路灯的技能变得一文不值。电灯既带来了光明，也带来了乡愁。把油灯换成电灯之后，纽约市民依然觉得每天还是有人在黄昏时点燃路灯，在黎明时熄灭它们。在纽约，燃灯人的职业曾和警察、邮递员一样必不可少。他们的职业可以追溯到 1414 年，那时，伦敦城第一次在路上设置了路灯。现在燃灯人已经成为遥远的记忆。①

燃灯人的故事或许成为整个人类历史发展中的沧海一粟，或许那些纽约或伦敦街头的夜行的过客都不曾记得这些燃灯人的背影是如何消失在黑暗中的。但是，让他们消失的力量，并不是一种日常生活中的事实，在爱迪生的电灯发明之

---

① Carl B. Frey, *The Technology Trap: Capital, Labor and Power in the Age of Automation*, Princeton: Princeton University Press, 2019, p.2.

后,他们的职业仍然在纽约市存活了好长一段时间。他们的工作能力、职业素养,甚至工作态度都没有发生变化,变化的是这个世界,电气化带来了翻天覆地的革命。燃灯人不过是电气化革命中的一小部分,与他们一起消失的还有马车的马夫。问题并不在于燃灯人做了什么(其实,相对于他们之前的工作和生活,他们什么也没有做),而是他们没有做什么。他们按照既定的生活和工作节奏去做事,每天傍晚背着梯子,拿着火把去点燃路灯,然而这种过于程式化和规范化的生活恰恰让他们跌入了深渊。换句话说,他们的悲剧也正是他们自己造成的,他们太习惯于这套程式化的工作和生活方式,甚至直接将这种工作和生活方式等同于生命本身,认为这就是他们应该过的生活的全部。在这个意义上,他们已经被异化为一种装置。他们生命的节奏和律动是围绕着这个装置来进行的,而且他们所谓体面的生活(弗雷提到的,燃灯人曾经有着与警察和邮递员一样的身份和地位)由于世界的一次运动,如电灯的发明,让他们一下子变成了一个不正当的人(the improper),他们从在资本主义的装置中具有一定资格和地位的一环,变成了被排斥的人;他们前一天还在街上按照常规点燃路灯,第二天就被甩入失业大军中,与那些贫困交加的无产者一起经受电气化资本主义带来的风雪夜。

那么,出现了一个有趣的问题。按照马克思在《1844年经济学哲学手稿》中的说法,资本主义的问题是一个异化劳动的问题,即"劳动用机器代替了手工劳动,但是使一部分工人回到野蛮的劳动,并使另一部分工人变成机器"①。马克思看到了当代资本主义发展对工人的劳动的划分,这个划分十分粗鲁和颟顸。如燃灯人的例子一样,不能适应新的电气化革命的燃灯人,会被打入野蛮的生活状态当中,那么要想在电气化的资本主义中生存,他们就必须让自己与机器和电气化设备的节奏保持一致,必须懂得电气化的操作(注意,新的工人并不了解电气化的知识,他们只是让自己的身体随着电气化机器的轰鸣和节奏而扭动)。这也是后来马克思在《1861—1863年经济学手稿》中强调的机器对人的穿透,即表面上看起来是人在操作机器,实际上是人变成了机器的一部分。马克思说:"同时工作的机器体系必须有同时工作的工人大军来相配合,这部分地是为了实现机器体系所特有的分工,部分地是为了实现它所特有的简单协作制度,实现对完成同种作业的许多工人的同时使用。"②是的,在实现了机械化和电气化革命之后,工人的劳动不再是孤立的个人劳动,而是被整合到巨大的机器体制当中。换句话说,工人的独立劳动的价值和意义被机器化大生产淘汰,在这套体系下生产出来的与其说是工人的个体劳动,不如说是机械化的工人劳动,即工人沦为装置的一部分,或沦为装置化工人。

---

① 《马克思恩格斯选集》第一卷,人民出版社,2012,第53页。
② 《马克思恩格斯全集》(中文第二版)第三十七卷,人民出版社,2019,第23页。

2006 年,阿甘本恰好也写过一本小书,书名就叫作《什么是装置?》(*Che cos'è un dispositivo?*)。在这本书里,阿甘本明确地说,无论是 1907 年在纽约街头点燃油气路灯的燃灯人,还是今天的我们,实际上都是一种装置,即我们的生命实际上被划分成了两个部分。第一部分是不能跟上巨大装置节奏的部分,也是马克思强调的被抛入野蛮的部分。在现代资本主义社会中,这个部分实际上没有保障,成为所谓失业大军,而盖伊·斯坦丁(Guy Standing)甚至发明了一个新词——流众(precariat)来形容这些被抛弃的生命。另一部分则是装置化的生命,也就是说,我们唯一可以生存下去的方式,就是与巨大的装置保持一致,并且让自己成为装置的一部分。因此,阿甘本指出:"我想向你们提议的,无非就是一种普遍而宏大的划分——将存在分为两大类:一方面,是活生生的存在(或者说实体),另一方面,则是装置,活生生的存在不断陷于其中。"①显然,阿甘本在这里提出的两个方面,是与他在《神圣人:至高权力与赤裸生命》中对 bios 和 zoe 的区分对应的,bios 是装置化的生命,他们必须与巨大的社会装置的节奏保持一致;而 zoe 是被包含性排斥(inclusive exclusion)在装置外的赤裸生命,也就是马克思谈到的被打入野蛮的生活和工作状态中的生命。

---

① 阿甘本:《论友爱》,刘耀辉、尉光吉译,北京大学出版社,2017,第 16—17 页。

那么装置下的生命究竟是什么样态？福柯在《疯癫与文明》《规训与惩罚》《临床医学的诞生》等著作中，实际上要解决的就是这个问题。例如，在《规训与惩罚》中，表面上，福柯是在谈近代和现代早期的法律和刑罚问题，以及从最开始的惩罚向规训的过渡。不过在详细列举了17—18世纪的刑罚的演变过程之后，福柯借助边沁的圆形监狱观念，谈到了监狱中处在看守监控下的人不得不选择符合监狱规范的行为。然而，福柯的结论并不局限于此。实际上，福柯希望通过对监狱的分析，得出现代社会就是一个大型"监狱"的结论。这个结论不仅仅在于权力监控和规训的层次，也在于这些监控和规训生成的主体。所以，福柯在《规训与惩罚》的结论部分写下了那令人不寒而栗的论断："因此，把这些机构说成是压制、排斥、制造边缘状态的结构的种种观念，不足以描述出处于'监狱之城'核心的居心叵测的怜悯、不可公开的残酷伎俩、鸡零狗碎的小花招、精心计算的方法以及技术与'科学'等的形成。所有这一切都是为了制造出受规训的个人，这种处于中心位置的并被统一起来的人性是复杂的权力关系的效果和工具，是受制于多种'监禁'机制的肉体和力量，是本身就包含着这种战略的诸种因素的话语的对象。在这种人性中，我们应该能听到隐约传来的战斗厮杀声。"①在这个意义上，福柯给出了

---

① 福柯：《规训与惩罚》，刘北成、杨远婴译，生活·读书·新知三联书店，2019，第340页。

比马克思的工厂里的机器生产更为庞大的装置,这个装置就
是整个现代资本主义社会的装置,所有在其中过着规范正常
生活的人,都不可避免地成为整个装置的一部分。不仅仅是
福柯谈到的精神病院、监狱、临床医学,社会工作机构、心理咨
询机构、学校等,都成为这个生产着规范的现代人的装置的一
部分。所以,阿甘本十分明确地肯定了福柯的结论,并给出了
他对装置的定义：

> 为了进一步扩展已经规模庞大的福柯式装置,我会
> 这么来指称装置,即它在某种程度上有能力捕获、引导、
> 决定、截取、塑造、控制或确保活生生之存在的姿态、行
> 为、意见或话语。因此,装置不但包括监狱、疯人院、圆形
> 监狱、学校、告解室、工厂、戒律、司法措施等等(从某种意
> 义上而言,它们与权力的联系是很明显的);而且也包括
> 笔、书写、文学、哲学、农业、烟、航海、电脑、手机以及——
> 为何不呢——语言本身,语言或许是最古老的装置。①

如果说福柯将马克思的机器装置扩大为规训和监控的装
置,那么阿甘本则是将装置进一步扩展了,装置基本上成为社
会生活的方方面面,成为与我们的生命息息相关的东西。换

① 阿甘本:《论友爱》,刘耀辉、尉光吉译,北京大学出版社,2017,第17页。

句话说，我们的生命实际上在任何一个部分都成为装置。例如，今天的智能手机就是一个典型的装置。当我们说智能手机是一个装置的时候，并不是从半导体科技和电子科技，甚至是数码科技的角度上来说的，而是说在今天智能手机重新生成了我们的生命与手机或其他智能设备的依存关系。试想，今天有多少人能够完全抛开手机过上一整天。这个例子也充分说明了，今天的巨大的数码科技的装置，已经将我们生活的方方面面都吸纳到其中。这里已经不纯粹是监控的看守与守规矩的因犯之间、精神科医生与病人之间的关系，而是无所不在的装置，将我们生产为现时代下的主体，我们只有跟随着装置的运动，才能在其中生存下去。相反，那些拒绝了装置或者被装置拒绝的人变成了阿甘本笔下的赤裸生命，他们只能在装置之外的野蛮空间悲剧式地活着，纯生物性地活着。

这就是福柯和阿甘本提出在当代进行生命政治学研究的意义所在。支撑着生命政治学的，不仅仅是权力技术对生命的直接渗透，更重要的是，巨大的装置已经掌控了对生命的区分，即将活生生的存在者划分为规范的生命（the authentic）和不正常的人（the abnormal）。不过，他们两人的区别也在此产生，因为福柯将现代社会的装置的形成严格界定在17—18世纪的区间，即从路易十五处死刺客达米安到第一座现代监狱诞生的时间。然而，由于拓展了装置概念，阿甘本的装置要回溯到更早的时候。他认为装置的历史可能更为悠远，让人类得以运作的装置与语言的诞生有关，而如果要消解施加在现代人身上的装置的魔力，就必须退回到一个源事件，即那个让装置得以诞生的语言学事件。因此，阿甘本所要做的工作与其说是生命政治的批判，不如说是对语言源事件的考古。

二、作为源事件的语言

2017 年，一部德国的网剧《暗黑》（*Dark*）一时间成为大热剧，甚至一度在排行榜上超过了热播的《权力的游戏》（*Game of Thrones*），它也被誉为近几年最为烧脑的影视剧。实际上，这部网剧的设定并不复杂，主要设定也似乎是被玩了很多遍的穿越元素，但这并不妨碍年轻的德国导演巴伦·博·欧达尔（Baran bo Odar）在情节上推陈出新。在以往的穿越剧情中，穿越的主体是个体性的，实际上是在两个不同历史背景下进行比较和互动。但是《暗黑》的剧情要旨在于，存在某种可以穿越时空的装置，在这个装置下，位于德国温登小镇的四个家族的人们发现，由于穿越的传统，他们的血缘谱系变得十分扭曲和混乱。在该剧的第一季中，时间被设定为 2019 年，主角约纳斯·康瓦（Jonas Kahnwald）与尼尔森家族的玛莎（Martha）相爱，但是由于隐藏的时空机器，玛莎的弟弟米凯尔（Mikkel）穿越到 1986 年并留在那里。随着时间的流逝，米凯尔结婚生子，约纳斯发现这个米凯尔就是自己的父亲迈克尔

（Michael），而自己的女友实际上成为他的大姑。关键在于，剧中穿越的不止一个人，许多人都利用时空机器进行了穿越，有的女儿穿越回去，成为自己的母亲的母亲。随着剧情的一步步展开，观众们会发现，最开始彼此分开的四个家族，由于时空穿越机器的设定，实际上在血缘上成为一家人。每一个家族都因为时空装置，让各种血缘关系复杂地交织在一起，让通俗意义上以血缘为基础的伦理关系变得毫无意义。但是，最终这种被时空装置纠葛在一起的复杂的血缘关系，导致了一个又一个悲剧，最终酿成了世界末日。

这部网剧的另一个主题是"拯救"，"拯救"一词甚至成为其中一集的主标题。男主角约纳斯和女主角玛莎尝试用各种方式来摆脱世界末日的结局。但是，约纳斯在此过程中，发现了整个错综复杂的时间线索实际上是一个轮回，表面上做到了某些事情，实际上仍然会陷入同样的结局。这个设定类似于电影《前目的地》（*Predestination*）中，主角在时间上经历了变性，与自己恋爱，与自己生子，并被自己遗弃，被遗弃的婴儿在孤儿院里又成为下一个自己的轮回模式。约纳斯也试图打破这个轮回，即打破由时空穿越装置制造的轮回时空。不过，即便玛莎的弟弟没有穿越回 1986 年，甚至在一个新的世界里，根本没有约纳斯这个人，由时空装置导致的轮回也根本没有结束。同样，在他的父亲迈克尔没有穿越的世界里，仍然有世界末日。也就是说，在一个节点上，阻止一个小事件，根本无助于打破整个轮回。当约纳斯的父亲没有穿越回去,仅仅是在时空机制下制造了一个平行世界,在那个没有约纳斯的平行世界里,时空机器仍然运转着,依然制造着复杂的、扭曲的血缘关系,最终仍然走向世界末日。实际上,在前两季中,导演给出了两种走出时空装置制造的轮回的方式。第一种是维持原样,这是老年约纳斯(后来他改名叫亚当)的方案,只要轮回以原封不动的方式运行,一切照旧,大家就可以依然如故地完成循环,从而得到救赎,这是一种典型的保守主义政治路线。而女主角玛莎(后来改名为夏娃)主张破坏一切,不让事情按原来的循环重复,这实际上就是政治中的激进主义路线。当然,在剧中,这种破旧立新的激进主义路线也没能走出循环,而是制造了同样处在循环轮回中的平行世界。在2020年6月上映的第三季中,导演欧达尔给出了他自己走出循环的路径,即在诸多平行世界之外找到导致时空扭曲的源事件。在剧中,所谓源事件就是科学家坦浩斯的儿子和儿媳因为车祸而丧失生命,坦浩斯为了挽救他们,发明了时空装置。也就是说,在那个源事件之前,阻止坦浩斯博士发明时空机器才能真正打破循环。

　　或许,在阿甘本看来,奠定人类世界命运的东西就像坦浩斯博士的时空机器一样,已经将所有人的命运在整个装置中预定好了。那么在今天的资本主义世界中,人们既不可能随着整个社会秩序的装置而运动(保守主义或本质主义),也不能打破装置上的一些小零件，制造一个平行世界，并且依然如故地随着装置而运动（激进主义或存在主义）。在阿甘本看来，保守和激进主义、本质与存在，甚至前文所述的 bios 和 zoe 的区分，实际上都是这个装置的两面。在这个意义上，阿甘本将产生这个区分的源事件定义为语言，也正是在语言中，人将某种东西当作自己的本质，从而与动物保持着距离。所以，阿甘本说道："将人与动物区分开来的是语言，但语言不是内在于人的心理和生理结构被自然给定的东西，相反，语言是历史的产物。"①可以这样来理解：阿甘本意义上的语言产生了最原初的区分，也就是说，人将某些东西归为人，而将另一些东西归为纯粹生物性的东西，这个区分实际上在人的身上。比如说，我们将一些概念，如语言、言说、意识、使用符号的能力，甚至劳动等归为人的本质，而我们往往会将我们身上的血液循环、肝肺功能归为一种纯粹生物学的东西。在这个意义上，前者属于人类的本质（essence），而后者属于人的生存（existence）。也就是说，随着一种标准的确立，作为整体的人被概念性地切割为两个部分，一部分是本质的人，另一部分是生存或生命性的人。前者带有人的理念属性，在整个西方哲学史上被树立为一个高阶标准，后者是一种与动物无异的生理性功能，它只能以生物性的特征留存在我们身上。也正是在这里，阿甘本

① 阿甘本：《敞开：人与动物》，蓝江译，南京大学出版社，2019，第43页。

提出了他最重要的洞见：西方哲学史上的哲学家们要么认为本质高于存在（如柏拉图和现代理性主义），要么认为存在高于本质（如尼采、萨特等人），他们忽略了本质和存在的区分就是这个装置本身。这就与《暗黑》中那个时空装置一样，问题不在于我们去保留人的本质来守护人性，抑或在人的生物的生命性中找到存在的依据，而是在于我们究竟是如何将人划分成本质和存在、essence 和 existence、bios 和 zoe 的。阿甘本的立论包含了一个至关重要的假设，这个假设就是，存在着一个节点，在这个节点之前，人并不能将自己区分为本质和存在、bios 和 zoe。也正因为如此，人实际上不是一个独立的概念，也没有任何区分的标准，这势必意味着，人与它的周遭环境保持在一个未分化（indifference）的状态中，我们无法使自己从周遭的环境中独立出来。这样，一旦跨越了这个节点，我们就会面对一种人类学机制，我们依照这种机制将自己当作人，实施自己的行为，说自己的言语。这种实施和道说，如装置的运作一般，将自己与非人区别开来，"在这个区域中产生了人与动物、人与非人、言说的存在和有生命的存在之间的关联"①。很明显，跨越这个节点，意味着一种人类装置开始发挥作用，我们在整个装置下成为人，也获得了人的资格，而那些即便在生物性上与我们有着同等生理构造的生命体（如奴隶

----

① 阿甘本：《敞开：人与动物》，蓝江译，南京大学出版社，2019，第45—46页。

制下的黑人相对于白人)就变成了赤裸生命。由此可见,所谓正常人和有身份的人,无非在这个人类装置下被认可的生命存在物,这个人类装置建立了区分机制,让从古代到今天的人类社会始终按照它的基本规则去运作(operatum)。

那么,在阿甘本那里,如果要解决存在于今天社会中的人类装置问题,就必须回溯到那个让人与动物、人与非人区别开来的源事件,即他所要探索的是源事件的考古学。不过他的考古学的研究与一般的历史文献学不同,那个源事件不可能有任何的历史记载,因为任何的历史记载已经具有了文字,已经向人类展开,也就是说,它业已在人类装置的运作之中了。为此,这种考古学不能依赖于成文的文献,只能依赖于语言本身,因为语言的诞生就是源事件的直接结果。在阿甘本"神圣人"系列的最后一本著作(《身体使用》)中,他借用了亚里士多德在《范畴篇》中的表述来解释这个人类装置的发生机制:"这种装置就是语言的作品。语言将存在者主观化为主词(hypokeimenon),这就是让我们的言说得以实现的根基,即让装置运转起来。另一方面,我们已经看到,主词通常已经被专有名词命名(如苏格拉底、爱玛),或者被代词'这'指示。"[1]阿甘本看到,这里存在着两个过程:

(1)存在着一个原始的位置,在这个位置上形成了一个主

---

[1] Giorgio Agamben, *The Use of Bodies*, trans. Adam Kostko, Stanford: Stanford University Press, 2016, p.128.

体,或者一个主词。这个主体以自己为中心,形成了观看世界的视角;这个主词,即亚里士多德所说的 hypokeimenon,代表着一个原初的看世界的点,从这个点出发,整个世界、万事万物都囊括在它的框架之下。前人在以拉丁语翻译这个词的时候,使用了一个新词 sub-iectum,这个词的字面意思大致是"处在下面或被当成基础的东西"①。有趣的是,在所有对象中,存在着一个例外的点,即这个主词或主体所在的点,这也是整个观看和思考框架的盲点。也就是说,这个主词所在的点并没有架构在之前的世界的框架之下,那么在整个本体论的历史上,这个主词所在的点就成为一个预设的点。这就是主体或本质所在的位置,由于它是最初立足于世界的点,它既是观看整个世界的基础,也是凌驾于所有事物之上的本质。换言之,世界上所有的事物只有相对于这个点才能被主体显现出来,成为一个存在物;反之,那些东西只能作为非存在。所以,万物的表象和存在都是相对于这个主体或主词提出来的,这个主体并没有绝对的标准,它就是一个空位,一个最原初的观看和思考世界的立足点。

　　(2)这种以主体为中心的观看和思考世界的方式不是无声的,而是以某种言说方式表达出来的。在这个主位上,实际上缺少真正的规定性,它不可能像一棵杨树或一张桌子那样

---

① Giorgio Agamben, *The Use of Bodies*, trans. Adam Kostko, Stanford: Stanford University Press, 2016, p.115.

获得定义(这种定义是宾格属性)。所以,在原初的语言结构中,它能以代词的方式出现,如"我""这""那儿"等等,这也是海德格尔将追问存在的起点定位为此在(Dasein)的原因。在《语言与死亡》中,阿甘本肯定了海德格尔这个起点的正确性:"代词以及指示陈述的指示词,在指定真实的对象之前准确地指示了语言的生成。以此方式,在意义世界形成之前,它们允诺了对于具体语言事件的指向,而唯有在后者中,事物才能获得其意味。"①一旦以代词性的"我"开始言说,主词就开始了谓述,并用自己的方式来规定世界,且将人类和世界的本质和存在、bios 和 zoe 区分开来。

这样,人类装置,或者更准确地说,语言学装置实际上导致了一个结果。我们之前所说的物,实际上都是被主词预先设定好的可说之物,斯多葛学派将这种被主词的语言规定的物,称为可说之物(lekton)。那么,我们所说的物质与精神、对象与主体、实体与语言的对立,都是在主体所预设的语言装置下的对立。我们无论执着于哪一方,实际上都没有逃离语言学装置控制的范畴,这就像《暗黑》中的约纳斯(亚当)和玛莎(夏娃)一样,他们各自选择了不同的方面,但无论是物(实际上就是被预设的语言中的物),还是观念,都是这个人类装置或语言学装置的一部分而已。我们无法在这个装置的内部破

---

① 阿甘本:《语言与死亡:否定之地》,张羽佳译,南京大学出版社,2019,第53页。

除它，我们用一方来击败另一方，不过是一个新的轮回的开始。正如造反的农民打倒了传统的贵族，自己也披上了龙袍，和以往的统治者一样主宰着新的被压迫者的生命。不过，阿甘本认为，尽管西方哲学史并没有跳出这种非此即彼的轮回，但好在人们开始认识到这种作为源事件的语言装置的存在。那么，我们一旦意识到问题在于人类装置或语言装置上，又该如何来破除装置的魔咒，寻找通向解放的可能性呢？

三、走向未来事件：从亵渎到使用

阿甘本坚持将今天人类的命运归结为人类装置或语言学装置的结果，这使得他在面对未来共同体的方案时，显得比马克思和福柯等人更为艰难。马克思将工人阶级受压迫和剥削的命运归结为资本主义的生产关系，那么，实现未来解放的道路就是一条现实的道路，即打破资本主义生产关系的桎梏，最后在新的社会形态下实现人类的解放。福柯将现代人受到规训的行为方式放置在现代话语体系和权力体系的作用之下，并指出现代治理技术下的生命的人口化成为现代人思维和行为的规范性的缧绁。那么，对于福柯而言，打破这种羁绊的方式就是在现实的治理技术之外，寻找被话语和权力体系禁绝的不可言说、不可感知的东西，从而恢复生命的权力。在这个意义上，福柯的道路依然是现实的道路，即便是他在晚年转向的古希腊的直言(parresia)伦理,也仍然具有十分明确的现实指向。显然,阿甘本走了一条截然不同的道路。他早期在《神圣人:至高权力与赤裸生命》以及《奥斯维辛的残余》(*Quel che resta di Auschwitz*)两本著作中,明确地将生命政治的装置(或人类装置)指向一个具体场景,即纳粹的奥斯维辛集中营。但是,他将马克思和福柯的机器和装置拓展到整个人类历史,并利用亚里士多德的主词范畴,建立了所谓语言学装置,认为人类发生学(anthropo-genesis)实际上就是在语言学装置下的历史。那么,在面对这样作为人类机制基本构造的装置时,他的方案就必然是形而上学的,甚至是神学的。

如果认真阅读阿甘本的著作,就会发现在他早期的方案和最新的思路之间存在着一些细微的差异,不过,他的总体思路并没有发生太大的变化。总体来说,阿甘本从一开始就将人类装置或语言学装置(有时候他也会使用"生命政治装置"或"本体论装置"等术语)当作我们行动和思维的桎梏,在这个装置下,我们只有按照装置节奏去活动(energeia)的可能性,而不具有真正的潜能(potenza)。例如在宗教中,圣物和圣礼在装置中被赋予了意义,而面对圣物的时候,人不可能有真正的潜能或自由;在圣礼仪式中,在牧首和执事的安排下,所有的信众必须依照一定的神圣秩序来行事。当然,即便在现代社会中,这种神圣秩序的装置依然会在我们的日常生活中发挥作用。如婚礼中的宣誓、法官的就职实际上仍然保留了这种神圣性,它们也在一定程度上保留了宗教神学中的装置。在这个阶段,阿甘本的策略是"亵渎"(profanation)。阿甘本说:"渎神,则使它所亵渎的东西无效。一旦遭到亵渎,那原本不可用的、被分隔出来的东西也就失去了它的灵光,并被归还使用。"①阿甘本十分着迷于游戏,希望通过游戏的戏谑和亵渎,来打破神圣装置下的人与物之间的关系。例如,阿甘本曾经看到那不勒斯人对废旧汽车的改造,让坏掉的汽车变得更为有趣,"只有当某个东西坏了的时候,它才对那不勒斯人有用。他的意思是,那不勒斯人总是在技术工具坏了的时候才开始使用它们。一个完整的运行良好的事物总是让那不勒斯人烦恼,因此他们总是回避它"②。显然,如果不从装置角度来看,阿甘本的这段文字是无法理解的。为什么那不勒斯人并不关注运行良好的东西?实际上运行良好的东西代表着装置的运作,也就是说,人与工具的这种关系被固定了,只能按照固定的模式去运行。只有在工具坏了的那一刻,人们才能根据自己的意志去使用它,这种使用实际上就是一种亵渎,让人与工具的关系在其中重组。所以,阿甘本得出结论说:"这一行为包含了一种比我们日常的技术范式更高的范式:当人们能够对机器盲目、充满敌意的自动性提出反抗,并学会如何把它们应用到未知的领域和使用中去时,真正的技术才开始出

---

① 阿甘本:《渎神》,王立秋译,北京大学出版社,2017,第132页。
② 阿甘本:《裸体》,黄晓武译,北京大学出版社,2017,第180页。

现，就像卡普里岛大街上的一个年轻人把一个坏了的摩托引擎改装成了一个可以制作冰激凌的设备。"①

不过，阿甘本很快意识到，这种通过亵渎来打破装置的运转的方式，实际上并不能长久地持续，它只能带来瞬间的狂欢。在短暂地打破人与机器、人与工具，甚至人与世界的关系之后，那个作为我们话语和行动根基的装置瞬间就重新吸纳了被亵渎打开的裂口。在卡普里岛大街上将摩托车引擎改成冰激凌设备的年轻人，实际上不会一直持续这种改装的活动，因为这种改装需要依赖于资本主义体系，否则那种亵渎只能是刹那间的狂欢。

所以，在"神圣人"系列的结论部分，即4.1的《至高的清贫》和4.2的《身体使用》中，阿甘本更多采用的是"使用"概念。尽管这个概念在早期著作（如《剩余的时间》）中也出现过，但是真正将"使用"概念问题化，的确是从《至高的清贫》开始的。《至高的清贫》最后一节的标题就是《至高的清贫与使用》，在这一节中，阿甘本将拉丁语的"使用"（usus）放置在圣方济各会与教皇的争论中。这表面上是一个神学问题，实际上是一个法律问题，即圣方济各会的各种物品是否在法律上归属于教皇和教会。不过，阿甘本最关心的问题是圣方济各会的一个论证，即当物品的所有权不归圣方济各会的时候，他

① 阿甘本：《裸体》，黄晓武译，北京大学出版社，2017，第180—181页。

们是否可能去使用它。这里的使用与法律上的使用权没有关系,圣方济各会强调的是一种在日常生活中的"纯粹使用"或"事实使用"(usus facti)。在阿甘本看来,这种"事实使用"概念的提出代表着对世俗世界的法律装置的超越。简言之,圣方济各会通过所发明的"事实使用"概念超越了教会所依赖的世俗法律范畴,从而让"使用"更接近于一个高于法律装置运行的位置,实现了放弃法律、真正朝向上帝的生活。阿甘本说:"圣方济各会的生活可以毫无保留地得到肯定,这种生活在法律之外,为了生存,就必须放弃法律——这显然已经成为现代性无法去面对的遗产,我们的时代似乎完全没有去思考这个问题。"[1]可见,阿甘本对"使用"概念的关注,实际上已经超越了简单的褒渎。从圣方济各会的"事实使用"概念中,阿甘本实际上看到了超越引导世俗社会装置的可能性,即在放弃了教皇所执着的法律范式之外,也同时放弃了制约着世俗社会运行的最基本的装置。"纯粹使用"或"事实使用"代表着在装置外寻找人的生命与各种物的直接联系,并在这些直接的联系中找到让装置得以安息、不再起作用的方式。

在《身体使用》一书中,阿甘本进一步对"使用"概念进行了详细的考察。在词源学上,"使用"一词的希腊语表达是chresthai,但是它在用法上与现代的"使用"概念有较大的差

---

[1] Giorgio Agamben, *The Highest Poverty: Monastic Rules and Form-of-Life*, trans. Adam Kostko, Stanford: Stanford University Press, 2013, p.144.

异。比如说 chresthai logoi,字面意思是"使用语言",但是在古希腊语中是"说话"的意思。更难以理解的搭配还包括 chresthai Platoni,字面意思是"使用柏拉图",但是在古希腊语境中,这个词组的意思是"与柏拉图交朋友"。那么,尽管古希腊语文献的 chresthai 一词经常会被现代语言翻译成"使用"(英语的 use,意大利语的 uso),但是两个词语之间不具有准确的对应关系,如果放在古希腊语的语境中,chresthai 更恰当的解释是"它与某东西产生关系"①。于是,"使用"的意义在阿甘本的分析中发生了根本性的变化。与"使用"的现代意义相反,"使用"仅仅在于通过一定的方式,与周遭的事物发生一定的联系或关系,这种关系不具有现代的"使用"一词所具有的主宾关系。比方说,当我们今天说"我使用了我的车"时,我们实际上是以主词的"我"设定了我与车的关系。在这个设定中,不仅仅主词"我"是主动的,被使用的"车"是被动的,被这个主宾结构设定的还有"我"对车具有使用权和所有权的法律关系。而在词源学分析中的古希腊语的 chresthai,则完全不具有作为主词的"我"对使用对象的设定关系或所有权关系。在阿甘本看来,chresthai 是一种系词结构,它仅仅意味着在 chresthai 两端的两个词语具有某种关联。这样,根据阿甘本从词源学上对 chresthai 的追溯,"使用"概念需要重新界定为:

---

① Giorgio Agamben, *The Use of Bodies*, trans. Adam Kostko, Stanford: Stanford University Press, 2016, p.115.

"表达了某存在物与自己的关系，即他自己感到了触动（affection），因为他与某个确定的存在物发生了关系。"①可见，根据这个新的定义，"使用"概念的核心从原来的主宾关系变成了"触动"。于是，在这样的语境中，"身体使用"（somatos chresthai）的表达发生了根本性的变化。身体使用不再是一个主词"我"去操作归属于自己的身体，让它接受自己的指令；相反，在阿甘本的解释中，"身体使用"变成了主词"我"让自己的身体去感受其他存在物，并受到其他存在物的触动，形成新的关联。

我们似乎可以从这里管窥到阿甘本如此重视"使用"概念背后的意图。在主宾结构或所有权的法律形态下，人们的行为只能按照一定的预设来实行，这样，人们只能在所谓语言学装置下来运作。如果要让这个装置不起作用（inoperative），那么就必须让它回归"纯粹使用"或"事实使用"。在这里，"纯粹使用"意味着让存在物与周遭世界的其他事物发生某种触动，并形成一定关联。在这种触动中，生命本身的形式出现了，即生命不需要按照一定的程序去成为自己，而是按照一定的律动去形成自己与周遭的诸多事物在触动上的关联。

如果我们将这个定义与海德格尔晚期使用的 Ereignis 联系起来理解会更有意思。在海德格尔那里，Ereignis 代表着实

_____

① Giorgio Agamben, *The Use of Bodies*, trans. Adam Kostko, Stanford: Stanford University Press, 2016, p.28.

存(existence)在大地上的建基："在本有之真理的本质现身中，一切真实者同时都得到决断和建基，一切存在者都变成存在着的，非存在者滑入存有之假象中。"①这样，实存着的存在者通过本有(Ereignis)与周遭世界的存在物发生了关系，并在这种关系中得到建基和决断。这种论述实际上与阿甘本提出的"身体使用"有着异曲同工之妙，它们都代表着在某个特殊的点上，存在者与其他存在物形成一定的关系(触动关系或建基关系)，从而让存在者得以在世界上实存。有趣的是，尽管在《哲学论稿》的中译本中，Ereignis 被翻译为"本有"，这个译法也有其可取之处，但英文译者将这个词翻译为"事件"(event)。也就是说，所谓本有的建基，或者阿甘本意义上的身体的触动，根本上都依赖于一个事件，一个超越装置的事件。只有在这个事件中，"身体使用"才成为可能。因为，正是事件的出现，才能让之前的装置得以安息(inoperativity)，不再起作用，让身体使用和身体与周遭事物的关系的触动成为可能。

身体使用或者身体的事件，都意味着通过使用身体，让身体自己的律动和节奏超越语言学装置预设的运行方式。我们需要的是让身体本身去感触世界万物的脉动，而不是依照一种预先设定的形式去按部就班地完成使命。我们可以看到，阿甘本用了一种音乐节拍式的方法完成了他的讨论，他最后

---

① 海德格尔：《哲学论稿》，孙周兴译，商务印书馆，2014，第30页。

期望的是一种样态的本体论(modal ontology)，从而取代了亚里士多德以来的本体论装置。与那种静默的语言本体论装置不同的是，阿甘本期望自己的本体论是音乐性的，它的节奏不是装置运行的僵硬的节奏，而是生命本身的悸动。阿甘本说："存在之流变在悸动着，停下来，吸收自己，重复自己，通过这种方式，在节奏中调制自己。由于它需要在其存在中去保留自己，实体在样态中散播了自己，这样，它可以在时间中获得形式。'曾经之所是的存在'以及它在思想中的假定，实存和本质，实体和样态，过去和现在，仅仅是这种节奏的瞬间和形态，即存在的乐曲。"①这样，身体使用不仅是面向未来的事件，也是生命悸动的乐曲，这或许就是阿甘本在他的新著《什么是哲学?》的结尾部分将政治和音乐重新关联起来的原因吧。这意味着人类最早的语言实际上都是音乐，如《荷马史诗》和赫西俄德的《神谱》都不是文字记载，而是诗人的吟唱，因为语言与音乐、政治与音乐(良善城邦)具有原初的事件性关联，这也是缪斯女神的真实含义。然而，随着人类政治的生命政治化，以及语言的装置化，语言与音乐、政治与音乐的这种原初的关联失却了。尽管我们今天还有音乐，但是我们日常生活的语言和身体的行动变得僵硬，已经与音乐失去了联系。今天的商业化音乐已经从我们的语言使用和身体使用中脱离出去，

---

① Giorgio Agamben, *The Use of Bodies*, trans. Adam Kostko, Stanford: Stanford University Press, 2016, p.173.

成为一个专门的文化工业的领地,并且具有相当高的门槛。换句话说,"音乐与词语之间再没有必然关联,这意味着,一方面,音乐失去了对它的缪斯本性的察知;另一方面,言说者忘却了他总是已经带有了音乐的倾向,在根本上,他要面对接近词语的缪斯性位置的不可能性"①。音乐变成了专门化的生产,与最原初的身体使用失去了关联,也不再帮助我们的身体去体会世界万物的悸动和节奏。那么,超越人类装置或语言学装置的根本就在于,让身体得以使用,从而恢复我们身体与万物之间的缪斯性的关联。缪斯就是那个原初事件的所在,也是我们面向未来事件的希望所在。

① 阿甘本:《什么是哲学?》,蓝江译,上海社会科学院出版社,2019,第176—177页。

参考文献

中文

阿尔都塞：《保卫马克思》，顾良译，商务印书馆，2006。

阿尔都塞：《来日方长：阿尔都塞自传》，蔡鸿滨译，陈越校，上海人民出版社，2013。

阿尔都塞：《论再生产》，吴子枫译，西北大学出版社，2019。

阿尔都塞、巴里巴尔：《读〈资本论〉》，李其庆、冯文光译，中央编译出版社，2001。

阿甘本：《渎神》，王立秋译，北京大学出版社，2017。

阿甘本：《论友爱》，刘耀辉、尉光吉译，北京大学出版社，2017。

阿甘本:《裸体》,黄晓武译,北京大学出版社,2017。

阿甘本:《敞开:人与动物》,蓝江译,南京大学出版社,2019。

阿甘本:《语言与死亡:否定之地》,张羽佳译,南京大学出版社,2019。

阿甘本:《什么是哲学?》,蓝江译,上海社会科学院出版社,2019。

爱德华·多尼克:《机械宇宙:艾萨克·牛顿、皇家学会与现代世界的诞生》,黄珮玲译,社会科学文献出版社,2016。

艾士薇:《阿兰·巴迪欧的"非美学"思想研究》,武汉大学出版社,2014。

巴迪欧:《爱的多重奏》,邓刚译,华东师范大学出版社,2012。

巴迪欧:《第二哲学宣言》,蓝江译,南京大学出版社,2014。

巴迪欧:《圣保罗》,董斌孜孜译,漓江出版社,2014。

巴迪欧:《维特根斯坦的反哲学》,严和来译,漓江出版社,2014。

巴迪欧:《小万神殿》,蓝江译,南京大学出版社,2014。

巴迪欧:《哲学宣言》,蓝江译,南京大学出版社,2014。

巴迪欧:《柏拉图的理想国》,曹丹红、胡蝶译,河南大学出版社,2015。

巴迪欧:《元政治学概述》,蓝江译,复旦大学出版社,2015。

巴迪欧:《世纪》,蓝江译,南京大学出版社,2017。

巴迪欧:《哲学与政治之间谜一般的关系》,李佩纹译,中央编译出版社,2017。

巴迪欧:《存在与事件》,蓝江译,南京大学出版社,2018。

巴迪欧:《辩证唯物主义(再)开始》,《郑州轻工业学院学报(社会科学版)》2018年第1期。

巴特雷、克莱门斯主编:《巴迪欧:关键概念》,蓝江译,重庆大学出版社,2016。

巴利巴尔:《斯宾诺莎与政治》,赵文译,西北大学出版社,2015。

巴什拉:《科学精神的形成》,钱培鑫译,江苏教育出版社,2006。

巴特:《符号学原理》,王东亮等译,生活·读书·新知三联书店,1999。

本雅明:《经验与贫乏》,王炳钧、杨劲译,百花文艺出版社,1999。

本雅明:《启迪:本雅明文选》,张旭东、王斑译,生活·读书·新知三联书店,2008。

本雅明:《作为生产者的作者》,王炳钧、陈永国、蒋洪生译,河南大学出版社,2014。

查尔斯·斯蒂瓦尔主编:《德勒兹:关键概念》,田延译,重庆大学出版社,2018。

陈永国、马海良主编:《本雅明文选》,中国社会科学出版社,2011。

陈越主编:《哲学与政治:阿尔都塞读本》,吉林人民出版社,2003。

德拉孔波:《赫西俄德:神话之艺》,吴雅凌译,华夏出版社,2004。

德勒兹:《福柯 褶子》,于奇智、杨洁译,湖南文艺出版社,2001。

德勒兹:《时间-影像:电影 2》,谢强、蔡若明、马月译,湖南美术出版社,2004。

德勒兹:《普鲁斯特与符号》,姜宇辉译,上海译文出版社,2008。

德勒兹:《批评与临床》,刘云虹、曹丹红译,南京大学出版社,2012。

德勒兹:《斯宾诺莎与表现问题》,龚重林译,商务印书馆,2013。

德里达:《书写与差异》,张宁译,生活·读书·新知三联书店,2001。

德里达:《论文字学》,汪堂家译,上海译文出版社,2005。

德里达:《论精神》,朱刚译,上海译文出版社,2008。

德里达:《无赖》,汪堂家、李之喆译,上海译文出版社,2011。

德勒兹、加塔利:《什么是哲学?》,张祖建译,湖南文艺出版社,2007。

德勒兹、加塔利:《千高原》,姜宇辉译,上海书店出版社,2010。

费尔巴哈:《费尔巴哈哲学著作选集》(上卷),荣振华、李金山等译,商务印书馆,1984。

斐洛:《论〈创世纪〉:寓意的解释》,王晓朝、戴伟清译,商务印书馆,2012。

福柯:《必须保卫社会》,钱翰译,上海人民出版社,1999。

福柯:《疯癫与文明》,刘北成、杨远婴译,生活·读书·新知三联书店,1999。

福柯:《词与物:人文科学考古学》,莫伟民译,上海三联书店,2001。

福柯:《临床医学的诞生》,刘北成译,译林出版社,2001。

福柯:《性经验史》,佘碧平译,上海人民出版社,2002。

福柯:《古典时代疯狂史》,林志明译,生活·读书·新知三联书店,2005。

福柯:《安全、领土与人口》,钱翰、陈晓径译,上海人民出版社,2010。

福柯:《自我解释学的起源:福柯 1980 年在达特茅斯学院

的演讲》,潘培庆译,西南师范大学出版社,2018。

福柯:《规训与惩罚》,刘北成、杨远婴译,生活·读书·新知三联书店,2019。

贺觉非、冯天瑜著:《辛亥武昌首义史》,武汉大学出版社,2006。

哈贝马斯:《后形而上学思想》,曹卫东、付德根译,译林出版社,2001。

海德格尔:《存在与时间》,陈嘉映译,生活·读书·新知三联书店,1987。

海德格尔:《在通向语言的途中》,孙周兴译,商务印书馆,1997。

海德格尔:《林中路》,孙周兴译,上海译文出版社,2004。

海德格尔:《哲学论稿:自本有而来》,孙周兴译,商务印书馆,2012。

赫尔德:《论语言的起源》,姚小平译,商务印书馆,1998。

赫西俄德:《工作与时日 神谱》,张竹明、蒋平译,商务印书馆,1991。

胡塞尔:《内时间意识现象学》,倪梁康译,商务印书馆,2009。

黄专主编:《世界 3:作为观念的艺术史》,岭南美术出版社,2014。

卡西尔:《语言与神话》,于晓译,生活·读书·新知三联书店,1988。

康吉莱姆:《正常与病态》,李春译,西北大学出版社,2015。

克里斯蒂娃:《恐怖的权力:论卑贱》,张新木译,生活·读书·新知三联书店,2001。

柯南·道尔:《福尔摩斯探案故事集》(一),余芳译,湖北少年儿童出版社,2012。

科耶夫:《黑格尔导读》,姜志辉译,译林出版社,2005。

科耶夫:《法权现象学纲要》,邱立波译,华东师范大学出版社,2011。

拉康:《拉康选集》,褚孝泉译,上海三联书店,2001。

蓝江:《忠实于事件本身:巴迪欧哲学思想导论》,北京师范大学出版社,2018。

朗西埃:《政治的边缘》,姜宇辉译,上海译文出版社,2007。

朗西埃:《图像的命运》,张新木、陆洵译,南京大学出版社,2014。

朗西埃:《词语的肉身:书写的政治》,朱康等译,西北大学出版社,2015。

朗西埃:《歧义:政治与哲学》,刘纪蕙、林淑芬、陈克伦、薛熙平译,西北大学出版社,2015。

朗西埃:《文学的政治》,张新木译,南京大学出版社,2014。

朗西埃:《哲学家和他的穷人们》,蒋海燕译,南京大学出版社,2014。

雷伊·库兹韦尔:《奇点临近》,李庆诚、董振华、田源译,机械工业出版社,2021。

利奥塔:《后现代状态:关于知识的报告》,车槿山译,生活·读书·新知三联书店,1997。

列维-施特劳斯:《结构人类学》,张祖建译,中国人民大学出版社,2006。

卢梭:《论语言的起源》,洪涛译,上海人民出版社,2003。

洛克:《政府论》,叶启芳、瞿菊农译,商务印书馆,1996。

马克思:《法兰西内战》,人民出版社,2016。

《马克思恩格斯选集》第一卷,人民出版社,2012。

《马克思恩格斯选集》第二卷,人民出版社,2012。

《马克思恩格斯选集》第三卷,人民出版社,2012。

《马克思恩格斯选集》第四卷,人民出版社,2012。

《马克思恩格斯文集》第八卷,人民出版社,2009。

《马克思恩格斯全集》(中文第一版)第三卷,人民出版社,1960。

《马克思恩格斯全集》(中文第二版)第三卷,人民出版社,2002。

《马克思恩格斯全集》(中文第二版)第三十七卷,人民出版社,2019。

麦克斯·施蒂纳:《唯一者及其所有物》,金海民译,商务印书馆,2017。

南京大学马克思主义社会理论中心编:《社会理论批判纪事》第七辑,南京大学出版社,2014。

尼采:《快乐的科学》,黄明嘉译,漓江出版社,2007。

普鲁塔克:《希腊罗马名人传》,席代岳译,吉林出版集团有限公司,2011。

齐泽克:《欢迎来到实在界这个大荒漠》,季广茂译,译林出版社,2012。

齐泽克:《事件》,王师译,上海文艺出版社,2016。

齐泽克:《视差之见》,季广茂译,浙江大学出版社,2014。

齐泽克:《斜目而视:透过通俗文化看拉康》,季广茂译,浙江大学出版社,2011。

齐泽克:《意识形态的崇高客体》(修订版),季广茂译,中央编译出版社,2014。

施米特:《政治的浪漫派》,冯克利、刘锋译,上海人民出版社,2004。

施米特:《宪法学说》,刘锋译,上海人民出版社,2005。

施米特:《现代与柏拉图》,郑辟瑞、朱清华译,上海书店出版社,2009。

施米特:《合法性与正当性》,冯克利、李秋零、朱雁冰译,华夏出版社,2015。

施米特:《政治的概念》,刘宗坤、朱雁冰等译,上海人民出版社,2015。

施米特:《政治的神学》,刘宗坤、吴增定等译,上海人民出版社,2015。

施特劳斯:《自然权利与历史》,彭刚译,生活·读书·新知三联书店,2003。

斯特伦斯基:《二十世纪的四种神话理论》,李创同、张经纬译,生活·读书·新知三联书店,2012。

斯蒂格勒:《技术与时间第一卷:爱比米修斯的过失》,裴程译,译林出版社,2000。

斯蒂格勒:《技术与时间第二卷:迷失方向》,赵和平、印螺译,译林出版社,2010。

斯蒂格勒:《技术与时间第三卷:电影的时间与存在之痛的问题》,方尔平译,译林出版社,2012。

维特根斯坦:《哲学研究》,李步楼译,商务印书馆,1996。

维特根斯坦:《逻辑哲学论》,郭英译,商务印书馆,1985。

韦尔南:《希腊思想的起源》,秦海鹰译,生活·读书·新知三联书店,1996。

韦尔南:《神话与政治之间》,余中先译,生活·读书·新知三联书店,2001。

孙向晨主编:《巴迪欧论张世英》,谢晶等译,上海三联书店,2016。

王晓朝主编:《柏拉图全集》第三卷,人民出版社,2003。

西塞罗:《论老年 论友谊 论责任》,徐奕春译,商务印书馆,2003。

亚里士多德:《灵魂论及其他》,吴寿彭译,商务印书馆,2011。

亚里士多德:《尼各马可伦理学》,廖申白译,商务印书馆,2017。

张莉莉:《从结构到历史:阿兰·巴迪欧主体思想研究》,上海人民出版社,2016。

张世英:《论黑格尔的哲学》,上海人民出版社,1956。

张世英:《论黑格尔的"逻辑学"》,上海人民出版社,1959。

张一兵:《回到马克思》,江苏人民出版社,1999。

张一兵:《不可能的存在之真》,商务印书馆,2006。

张一兵:《回到列宁》,江苏人民出版社,2008。

张一兵:《文本的深度耕犁:后马克思思潮哲学文本解读》,中国人民大学出版社,2008。

张一兵:《反鲍德里亚》,商务印书馆,2009。

张一兵:《回到海德格尔》,商务印书馆,2014。

张一兵主编:《当代国外马克思主义思潮研究》,江苏人民出版社,2012。

张一兵主编:《社会批判理论纪事》第五辑,江苏人民出版社,2013。

外文

Mathew Abbott, *The Figure of This World: Agamben and the Question of Political Ontology*, Edinburgh: Edinburgh University Press, 2014.

Joseph Acquisto, *The Fall Out of Redemption: Writing and Thinking Beyond Salvation in Baudelaire, Cioran, Fondane, Agamben, and Nancy*, London: Bloomsbury, 2015.

Giorgio Agamben, *Homo Sacer: Sovereign Power and Bare Life*, trans. Daniel Heller-Roazen, Stanford: Stanford University Press, 1998.

Giorgio Agamben, *Infancy and History: The Destruction of Experience*, trans. Liz Herson, London & New York: Verso, 1993.

Giorgio Agamben, *Opus Dei: An Archaeology of Duty*, trans. Adam Kotsko, Stanford: Stanford University Press, 2013.

Giorgio Agamben, *Pilate and Jesus*, trans. Werner Hamacher, Stanford: Stanford University Press, 2015.

Giorgio Agamben, *Remnants of Auschwitz: The Witness and the archives*, trans. Dainel Heller-Roazen, New York: Zone Books, 2002.

Giorgio Agamben, *The Signature of All Things: On Method,* trans. Luca D ' Isanto & Kevin Attell, New York: Zone Books, 2009.

Giorgio Agamben, *Stanzas: Word and Phantasm in Western Culture,* trans. Karen Pinkus & Michael Hardt, Minneapolis: University of Minnesota Press, 1993.

Giorgio Agamben, *State of Exception,* trans. Kevin Attell, Chicago: The University of Chicago Press, 2005.

Giorgio Agamben, *The Church and the Kingdom,* trans. Leland De La Durantaye, London & New York: Seagull Books, 2012.

Giorgio Agamben, *The Coming Community,* trans. Michael Hardt, Minneapolis: University of Minnesota Press, 1993.

Giorgio Agamben, *The Highest Poverty: Monastic Rules and Form-of-Life,* trans. Adam Kostko, Stanford: Stanford University Press, 2013.

Giorgio Agamben, *The Kingdom and the Glory: For a Theological Genealogy of Economy and Government,* trans. Lorenzo Chiesa & Matteo Mandarini, Stanford: Stanford University Press, 2011.

Giorgio Agamben, *The Use of Bodies,* trans. Adam Kotsko, Stanford: Stanford University Press, 2016.

Giorgio Agamben, *What is Philosophy?*, trans. Lorenzo Chiesa, Stanford: Standford University Press, 2017.

Louis Althusser, *Pour Marx*, Paris: François Maspero, 1965.

Louis Althusser, *Lire le Capital*, Paris: François Maspero, 1965.

Louis Althusser, *Lénine et la philosophie*, Paris: François Maspero, 1972.

Louis Althusser, *Sur la reproduction*, Paris: PUF, 2011.

Louis Althusser, *Initiation à la philosophie pour les non-philosophes*, Paris: PUF, 2014.

Louis Althusser, *Etre marxiste en philosophie*, Paris: PUF, 2015.

Kevin Attell, *Giorgio Agamben: Beyond the Threshold of Deconstruction*, New York: Fordham University Press, 2015.

Alain Badiou, *Conditions*, Paris: Seuil, 1992.

Alain Badiou, *Le concept de modèle. Introduction a une epistmologie materialiste des mathematique*, Paris: François Maspero, 1972.

Alain Badiou, *Logiques des mondes*, Paris: Seuil, 2006.

Alain Badiou, *Peut-on penser la politique?*, Paris: Seuil, 1985.

Alain Badiou & Fabien Tarby, *Philosophy and the Event*, Cambridge: Polity, 2013.

Alain Badiou, *Théorie du sujet*, Paris: Seuil, 1982.

Josef Barla, *The Techno-Apparatus of Bodily Production: A New Materialist Theory of Technology and the Body*, Bielefeld: Transcript Verlag, 2019.

Étienne Balibar, *Cinq études du matérialisme historique*, Paris: François Maspero, 1974.

Étienne Balibar, *Sur la dictature du prolétariat*, Paris: François Maspero, 1976.

Étienne Balibar, *La philosophie de Marx*, Paris: La Découverte, 1993.

Étienne Balibar, *La proposition de l'égaliberté*, Paris: PUF, 2010.

Sean Bowden, *The Priority of Event: Deleuze's Logic of Sense*, Edinburgh: Edinburgh University Press, 2011.

Emile Bréhier, *La Théorie des incorporels dans l'ancien stoïcisme*, Paris: Vrin, 1928.

Georges Canguilhem, *Knowledge of Life*, trans. Stefanos Geroulanos & Daniela Ginsburg, New York: Fordham University Press, 2008.

Georges Canguilhem, *Le normal et le pathologique*, Paris: PUF, 1972.

Georges Canguilhem, *La connaissance de la vie*, Paris: Vrin, 1965.

Georges Canguilhem, *Études d'histoire et de philosophie des sciences concernant les vivants et la vie*, Paris: Vrin, 1968.

Georges Canguilhem, *Vie et mort de Jean Cavaillès*, Paris: Allia, 1998.

Jean Cavaillès, *Méthode axiomatique et formalisme. Essai sur le problème du fondement des mathématiques*, Paris: Hermann, 1937.

Jean Cavaillès, *Sur la logique et la théorie de la science*, Paris: Vrin, 1947.

Jean Cavaillès, *Transfini et continu*, Paris: Hermann, 1947.

Jean Cavaillès, *Œuvres complètes de philosophie des sciences*, Paris: Hermann, 1994.

André Comte-Sponville, *Du tragique au matérialisme*, Paris: PUF, 2015.

Donald Davidson, *Subjective, Intersubjective, Objective*, Oxford: Oxford University Press, 2001.

Gilles Deleuze, *Difference and Repitition*, trans. Paul Patton, London: Athlone Press, 1994.

Gilles Deleuze, *Logique du sens*, Paris: Minuit, 1969.

Gilles Deleuze, *Proust et les signes*, Paris: PUF, 1998.

Gilles Deleuze, *The Logic of Sense*, trans. Mark Lester & Charles Stivale, New York: Columbia University Press, 1990.

Jacques Derrida, *De la grammatologie*, Paris: Minuit, 1967.

Jacques Derrida, *L'écriture et la différence*, Paris: Seuil, 1967.

Jacques Derrida, *La dissémination*, Paris: Seuil, 1972.

Simon Duffy, "The Mathematics of Deleuze's Differential Logic and Metaphysics", in *Virtual Mathematics: The Logic of Difference*, ed. Simon Duffy, Manchester: Clinamen Press, 2006.

Sextus Empiricus, *Against the Logicians*, ed. Rcihard Bett, Cambridge: Cambridge University Press, 2005.

Carl B. Frey, *The Technology Trap: Capital, Labor and Power in the Age of Automation*, Princeton: Princeton University Press, 2019.

Michel Foucault, *Les mots et les choses. Une archéologie des sciences humaines*, Paris: Gallimard, 1966.

Michel Foucault, *L'archéologie du savoir*, Paris: Gallimard, 1969.

Michel Foucault, *Histoire de la sexualité, vol. 1: La volonté de savoir*, Paris: Gallimard, 1976.

Michel Foucault, *Il faut défendre la société*, Paris: Gallimard, 1997.

Michel Foucault, *L'herméneutique du sujet*, Paris: Gallimard, 2001.

Michel Foucault, *Sécurité, territoire, population*, Paris: Gallimard,

2004.

Michel Foucault, *Naissance de la biopolitique*, Paris: Gallimard, 2004.

Michel Foucault, *Le gouvernement de soi et des autres I. Cours au Collège de France*. 1982-1983, Paris: Gallimard, 2008.

Michel Foucault, *Le gouvernement de soi et des autres II. Le courage de la vérité*, Paris: Gallimard, 2009.

Michel Foucault, *Du gouvernement des vivants*, Paris: Seuil, 2012.

Michel Foucault, *Subjectivité et vérité*, Paris: Seuil, 2014.

Peter Hallward, *Badiou: A Subject to Truth*, Minneapolis: University of Mineasota Press, 2003.

Peter Hallward, *Think Again: Alain Badiou and the Future of Philosophy*, London: Continuum, 2004.

Peter Hallward ed. *Polygraph 17: The Philosophy of Alain Badiou*, Polygraph, 2005.

Peter Hallward & Knox Peden eds., *Concept and Form Vol. 1: Key Texts from the Cahiers pour l'analyse*, London: Verso, 2012.

Martin Heidegger, *Gesamtausgae Band 65. Beiträge Zur Philosophie*. Frankfurt: Vittori Klostermann, 1989.

Jacques Lacan, *The Seminar of Jacques Lacan, Book II, The Ego in Freud's Theory and in the Technique of Psychoanalysis*,

1954–1955, trans. Sylvana Tomaselli, New York: W. W. Norton & Company, 1988.

Jacques Lacan, *The Seminar of Jacques Lacan, Book X, Anxiety*, ed. Jacques-Alain Miller, trans. A. R. Price, Cambridge: Polity Press, 2014.

Jacques Lacan, *Le séminaire, livre XVIII. D'un discours qui ne serait pas du semblant*, Paris: Seuil, 2007.

Paul Livingston, *The Politics of Logic: Badiou, Wittgenstein, and the Consequences of Formalism*, London: Routledge, 2014.

Pierre Macherey, *Marx 1845. Les « Thèses » sur Feuerbach*, Amsterdam: Editions Amsterdam, 2008.

Pierre Macherey, *De Canguilhem à Foucault. La force des normes*, Paris: La fabrique éditions, 2009.

Pierre Macherey, *Le sujet des normes*, Amsterdam: Editions Amsterdam, 2014.

Quentin Meillassoux, *Après la finitude. Essai sur la nécessité de la contingence*, Paris: Seuil, 2006.

Quentin Meillassoux, *After Finitude: An Essay on the Necessity of Contingency*, trans. Ray Brassier, London: Continuum, 2008.

Quentin Meillassoux, *The Number and the Siren: A Decipherment of Mallarmé's Coup de Dés*, trans. Robin Mackay,

New York: Sequence Press, 2012.

Friedrich Nietzche, *Writings from the Late Notebooks*, trans. Kate Sturge, Cambridge: Cambridge University Press, 2003.

Paul Rabinow& Nikolas Rose eds., *The Essential Foucault*, New York: The New Press, 2003.

Jacques Rancière, *Le philosophe et ses pauvres*, Paris: Fayard, 1983.

Jacques Rancière, *Les noms de l'histoire. Essai de poétique du savoir*, Paris: Seuil, 1993.

Jacques Rancière, *La mésentente*, Paris: Galilée, 1995.

Jacques Rancière, *Le partage du sensible. Esthétique et politique*, Paris: La fabrique éditions, 2000.

Jacques Rancière, *La haine de la démocratie*, Paris: La fabrique éditions, 2005.

Jacques Rancière, *Politique de la littérature*, Paris: Galilée, 2007.

Jacques Rancière, *Aisthesis. Scènes du régime esthétique de l'art*, Paris: Galilée, 2011.

Jacques Rancière, *La leçon d'Althusser*, Paris: La fabrique éditions, 2012.

Claude Romano, *Event and World*, trans. Shane Mackinlay, New York: Fordham University Press, 2009.

Bernard Stiegler, *La technique et le temps, tome 1. La faute d'Épiméthée*, Paris: Galilée, 1994.

Bernard Stiegler, *La Technique et le temps, tome 2. La désorientation*, Paris: Galilée, 1996.

Bernard Stiegler, *La technique et le temps, tome 3. Le temps du cinéma et la question du mal-être*, Paris: Galilée, 2001.

Bernard Stiegler, *De la misère symbolique, tome 1. L'époque hyperindustrielle*, Paris: Galilée, 2004.

Bernard Stiegler, *Mécréance et discrédit, tome 1. La décadence des démocraties industrielles*, Paris: Galilée, 2004.

Bernard Stiegler, *Mécréance et discrédit, tome 2. Les sociétés incontrôlables d'individus désaffectés*, Paris: Galilée, 2006.

Bernard Stiegler, *Mécréance et discrédit, tome 3. L'esprit perdu du capitalisme*, Paris: Galilée, 2006.

Bernard Stiegler, *La société automatique, tome 1. L'avenir du travail*, Paris: Fayard, 2015.

Slovaj Žižek, *Absolute Recoil. Towards a New Foundation of Dialectial Materialism*, London: Verso, 2014.

Slavoj Žižek, *Demanding the Impossible*, Cambridge: Polity Press, 2013.

Slovaj Žižek, *Hegel in a Wired Brain*, London: Bloombury Academic, 2020.

Slovaj Žižek, *Incontinence of the Void: Economico-Philosophical Spandrels*, Cambridge: The MIT Press, 2017.

Slovaj Žižek, *Less Than Nothing: Hegel and the Shadow of Dialectical Materialism*, London: Verso, 2012.

Slovaj Žižek, *The Most Sublime Hysteric: Hegel with Lacan*, trans. Thomas Scott-Railton, Cambridge: Polity Press, 2014.

Slovaj Žižek, *The Parallax View*, Cambridge: The MIT Press, 2006.

大学问,广西师范大学出版社学术图书出版品牌,以"始于问而终于明"为理念,以"守望学术的视界"为宗旨,致力于以文史哲为主体的学术图书出版,倡导以问题意识为核心,弘扬学术情怀与人文精神。品牌名取自王阳明的作品《〈大学〉问》,亦以展现学术研究与大学出版社的初心使命。我们希望:以学术出版推进学术研究,关怀历史与现实;以营销宣传推广学术研究,沟通中国与世界。

截至目前,大学问品牌已推出《现代中国的形成(1600—1949)》《中华帝国晚期的性、法律与社会》等100余种图书,涵盖思想、文化、历史、政治、法学、社会、经济等人文社会科学领域的学术作品,力图在普及大众的同时,保证其文化内蕴。

"大学问"品牌书目

大学问·学术名家作品系列

朱孝远　《学史之道》

朱孝远　《宗教改革与德国近代化道路》

池田知久　《问道:〈老子〉思想细读》

赵冬梅　《大宋之变,1063—1086》

黄宗智　《中国的新型正义体系:实践与理论》

黄宗智　《中国的新型小农经济:实践与理论》

黄宗智　《中国的新型非正规经济:实践与理论》

夏明方　《文明的"双相":灾害与历史的缠绕》

王向远　《宏观比较文学19讲》

张闻玉　《铜器历日研究》

张闻玉　《西周王年论稿》

谢天佑　《专制主义统治下的臣民心理》

王向远　《比较文学系谱学》

王向远　《比较文学构造论》

刘彦君　廖奔　《中外戏剧史(第三版)》
干春松　《儒学的近代转型》
王瑞来　《士人走向民间:宋元变革与社会转型》
罗家祥　《朋党之争与北宋政治》
萧　瀚　《熙丰残照:北宋中期的改革》
王庆成　《太平天国的历史和思想》

大学问·国文名师课系列

龚鹏程　《文心雕龙讲记》
张闻玉　《古代天文历法讲座》
刘　强　《四书通讲》
刘　强　《论语新识》
王兆鹏　《唐宋词小讲》
徐晋如　《国文课:中国文脉十五讲》
胡大雷　《岁月忽已晚:古诗十九首里的东汉世情》
龚　斌　《魏晋清谈史》

大学问·明清以来文史研究系列

周绚隆　《易代:侯岐曾和他的亲友们(修订本)》
巫仁恕　《劫后"天堂":抗战沦陷后的苏州城市生活》
台静农　《亡明讲史》
张艺曦　《结社的艺术:16—18世纪东亚世界的文人社集》
何冠彪　《生与死:明季士大夫的抉择》
李孝悌　《恋恋红尘:明清江南的城市、欲望和生活》
李孝悌　《琐言赘语:明清以来的文化、城市与启蒙》
孙竞昊　《经营地方:明清时期济宁的士绅与社会》
范金民　《明清江南商业的发展》
方志远　《明代国家权力结构及运行机制》
严志雄　《钱谦益的诗文、生命与身后名》
严志雄　《钱谦益〈病榻消寒杂咏〉论释》

全汉昇　《明清经济史讲稿》

陈宝良　《清承明制:明清国家治理与社会变迁》

冯贤亮　《明清江南的环境变动与社会控制》

郭松义　《伦理与生活:清代的婚姻与社会》

刘　晨　《太平天国再研究》

胡岳峰　《清代银钱比价波动研究》

大学问·哲思系列

罗伯特·S.韦斯特曼　《哥白尼问题:占星预言、怀疑主义与天体秩序》

罗伯特·斯特恩　《黑格尔的〈精神现象学〉》

A. D.史密斯　《胡塞尔与〈笛卡尔式的沉思〉》

约翰·利皮特　《克尔凯郭尔的〈恐惧与颤栗〉》

迈克尔·莫里斯　《维特根斯坦与〈逻辑哲学论〉》

M.麦金　《维特根斯坦的〈哲学研究〉》

G·哈特费尔德　《笛卡尔的〈第一哲学的沉思〉》

罗杰·F.库克　《后电影视觉:运动影像媒介与观众的共同进化》

苏珊·沃尔夫　《生活中的意义》

王　浩　《从数学到哲学》

布鲁诺·拉图尔　尼古拉·张　《栖居于大地之上》

何　涛　《西方认识论史》

罗伯特·凯恩　《当代自由意志导论》

维克多·库马尔　里奇蒙·坎贝尔　《超越猿类:人类道德心理进化史》

许　煜　《在机器的边界思考》

　马尔霍尔　《海德格尔的〈存在与时间〉》

提摩太·C.坎贝尔　《生命的尺度:从海德格尔到阿甘本的技术和生命政治》

蓝　江　《事件:批判理论的事件转向》

大学问·名人传记与思想系列

孙德鹏　《乡下人:沈从文与近代中国(1902—1947)》

黄克武　《笔醒山河:中国近代启蒙人严复》

黄克武　《文字奇功:梁启超与中国学术思想的现代诠释》

王　锐　《革命儒生:章太炎传》

保罗·约翰逊　《苏格拉底:我们的同时代人》

方志远　《何处不归鸿:苏轼传》

章开沅　《凡人琐事:我的回忆》

区志坚　《昌明国粹:柳诒徵及其弟子之学术》

大学问·实践社会科学系列

胡宗绮　《意欲何为:清代以来刑事法律中的意图谱系》

黄宗智　《实践社会科学研究指南》

黄宗智　《国家与社会的二元合一》

黄宗智　《华北的小农经济与社会变迁》

黄宗智　《长江三角洲的小农家庭与乡村发展》

白德瑞　《爪牙:清代县衙的书史与差役》

赵刘洋　《妇女、家庭与法律实践:清代以来的法律社会史》

李怀印　《现代中国的形成(1600—1949)》

苏成捷　《中华帝国晚期的性、法律与社会》

黄宗智　《实践社会科学的方法、理论与前瞻》

黄宗智　周黎安　《黄宗智对话周黎安:实践社会科学》

黄宗智　《实践与理论:中国社会经济史与法律史研究》

黄宗智　《经验与理论:中国社会经济与法律的实践历史研究》

黄宗智　《清代的法律、社会与文化:民法的表达与实践》

黄宗智　《法典、习俗与司法实践:清代与民国的比较》

黄宗智　《过去和现在:中国民事法律实践的探索》

黄宗智　《超越左右:实践历史与中国农村的发展》

白　凯　《中国的妇女与财产(960—1949)》

陈美凤　《法庭上的妇女:晚清民国的婚姻与一夫一妻制》

大学问·法律史系列

田　雷　《继往以为序章:中国宪法的制度展开》

北鬼三郎 《大清宪法案》

寺田浩明 《清代传统法秩序》

蔡 斐 《1903:上海苏报案与清末司法转型》

秦 涛 《洞穴公案:中华法系的思想实验》

柯 岚 《命若朝霜:〈红楼梦〉里的法律、社会与女性》

大学问·桂子山史学丛书

张固也 《先秦诸子与简帛研究》

田 彤 《生产关系、社会结构与阶级:民国时期劳资关系研究》

承红磊 《"社会"的发现:晚清民初"社会"概念研究》

宋亦箫 《古史中的神话:夏商周祖先神话溯源》

大学问·中国女性史研究系列

游鉴明 《运动场内外:近代江南的女子体育(1895—1937)》

大学问·中国城市史研究系列

关文斌 《亦官亦商:明清时期天津的盐商与社会》

李来福 《晚清中国城市的水与电:生活在天津的丹麦人,1860—1912》

贺 萧 《天津工人:1900—1949》

王 笛 《茶馆:成都的公共生活和微观世界(1950—2000)》

其他重点单品

郑荣华 《城市的兴衰:基于经济、社会、制度的逻辑》

郑荣华 《经济的兴衰:基于地缘经济、城市增长、产业转型的研究》

拉里·西登托普 《发明个体:人在古典时代与中世纪的地位》

玛吉·伯格等 《慢教授》

菲利普·范·帕里斯等 《全民基本收入:实现自由社会与健全经济的方案》

王 锐 《中国现代思想史十讲》

王 锐 《韶响难追:近代的思想、学术与社会》

简·赫斯菲尔德 《十扇窗:伟大的诗歌如何改变世界》

屈小玲　《晚清西南社会与近代变迁:法国人来华考察笔记研究(1892—1910)》

徐鼎鼎　《春秋时期齐、卫、晋、秦交通路线考论》

苏俊林　《身份与秩序:走马楼吴简中的孙吴基层社会》

周玉波　《庶民之声:近现代民歌与社会文化嬗递》

蔡万进等　《里耶秦简编年考证(第一卷)》

张　城　《文明与革命:中国道路的内生性逻辑》

洪朝辉　《适度经济学导论》

李竞恒　《爱有差等:先秦儒家与华夏制度文明的构建》

傅　正　《从东方到中亚:19世纪的英俄"冷战"(1821—1907)》

俞　江　《〈周官〉与周制:东亚早期的疆域国家》

马嘉鸿　《批判的武器:罗莎·卢森堡与同时代思想者的论争》

刘家和　口述　《困学忦言:史学家刘家和先生的学术和生活自述》

李怀印　《中国的现代化:1850年以来的历史轨迹》

葛希芝　《中国"马达":"小资本主义"一千年(960—1949)》

柯胜雨　《夏王朝:天崇拜与华夏之变》

石　硕　《守望传统:在田野寻找人文》